美善，让生命更丰盈

美善文化的探索与实践

李丽华 ◎ 著

首都师范大学出版社

CAPITAL NORMAL UNIVERSITY PRESS

图书在版编目（CIP）数据

美善，让生命更丰盈：美善文化的探索与实践 / 李丽华著. — 北京：首都师范大学出版社，2021.6

ISBN 978-7-5656-6546-2

Ⅰ.①美… Ⅱ.①李… Ⅲ.①幼儿园—教育工作—研究—北京 Ⅳ.①G617

中国版本图书馆CIP数据核字（2021）第111722号

美善，让生命更丰盈：美善文化的探索与实践

李丽华◎著

责任编辑　禹　冰

首都师范大学出版社出版发行

地　　址　北京西三环北路105号
邮　　编　100048
电　　话　68418523（总编室）　　68982468（发行部）
网　　址　www.cnupn.com.cn
印　　刷　天津中印联印务有限公司
版　　次　2021年6月第1版
印　　次　2021年6月第1次印刷
书　　号　ISBN 978-7-5656-6546-2
开　　本　710 mm×1000 mm　　1/16
印　　张　13
字　　数　212千字
定　　价　42.00元

序

北京市东城区新中街幼儿园始建于1958年，至今已有六十余年的历史。

六十余年上下求索，六十余年勇立潮头；

六十余年教育之路，六十余年美善之行。

幼儿园凝心聚力，不忘初心，历经园所体制改革与机制创新，和东棉花幼儿园一起成为东城区"一长两校制"在学前系统的首家试点单位，后来又相继开设鼓楼分园和春秀路分园，开始了"一长两园四址"新模式，在李丽华园长的带领下，幼儿园怀着拳拳教育心，砥砺前行，一直走在教育改革的前列。

为了回顾与总结，为了发展与辉煌，幼儿园对建园以来的教育实践进行系统梳理，《美善，让生命更丰盈：美善文化的探索与实践》一书应运而生。

本书是对"美善文化"的集中阐释。首先对幼儿园的文化思考、发展历程以及"美善文化"的整体构建都做了一定的介绍，为读者展现了"美善文化"的内涵与意义："美善文化"是把教育学和美学结合起来，融德育，立品行之美；融体育，立康健之美；融智育，立聪慧之美；融劳育，立创造之美，以美丰盈幼儿的精神世界，通过善来提升幼儿的行为品质，促进幼儿善其知、善其思、善其品、善其能、善其行，从而以积极、乐观、健康的心态面对人生，追求美善相谐的教育境界。其次，从管理文化、环境文化、课程文化、行为文化等方面入手，针对幼儿园如何实施智慧和美的管理、创设润心培趣的环境、设置回归本真的课程，以及如何以美善行为建设和乐家园，分别进行了详细的说明。

"美善文化"注重凸显"传统文化"和"国际视野"的文化之韵、"多元立美"和"和谐至善"的美善特质、"大健康"和"大美育"的教育特色，代表了幼儿园的文化底蕴和精神气质，是全体教职工智慧与心血的凝结。它既指导着幼儿园的当前发展，又指引着幼儿园的未来发展，既能为幼儿园提供开展教育工作的思想支持，又能为全体教职工提供向上向善的精神支持，为幼儿园的进一步发展奠定了基础，指明了方向，是幼儿园可持续发展的巨大内驱力。

本书的著成，不仅是李丽华园长办园思想与教育智慧的集中体现，也是新中街幼儿园多年来不懈发展的历史缩影和成果展现。一方面，它对新中街、东棉花联盟幼儿园两园四址的办园实践有重要的指导意义，充分展现了其在办园实践中的有效性、前瞻性和发展性，尤其是"有育无域"教育观的提出以及男教师的引进，更是有效地助推了学前教育的创新发展。另一方面，新中街、东棉花联盟幼儿园作为"一长两园四址办园模式"的典型代表，其独具特色的管理模式对广大学前教育者有一定的参考意义和启发意义，值得大家借鉴和学习。

目 录

第一章　传承创新，美善立品

第三章　培趣寓美，润心尚善

第四章　多元蕴美，至真育善

第五章　共生共美，聚力乐善

第一章

传承创新，美善立品

幼儿园的文化建设对园所内涵式发展、特色化发展有重要的作用，促进在整个幼儿园生活中形成具有独特凝聚力的园风园貌、制度规章和精神气氛，它体现幼儿园的精神风貌，凝聚和激励教职工的精神力量，是幼儿园得以可持续发展的巨大内驱力。幼儿园教育的改革发展必须以文化建设的突破和更新为先导，这对办好一所幼儿园至关重要。

　　优秀的幼儿园文化是最宝贵的教育资源。它熏陶浸染，润物无声，是幼儿成才、教师成长、园所发展的肥沃土壤；它孕育着团队精神，凝聚人心，形成合力，引领着师幼意气风发地前进。优秀的幼儿园文化更是幼儿园的一种整体形象、一种内在气质、一种独特个性、一种教育品牌。所以幼儿园实施品牌战略，必须加强文化引领，营造优良的园所文化。

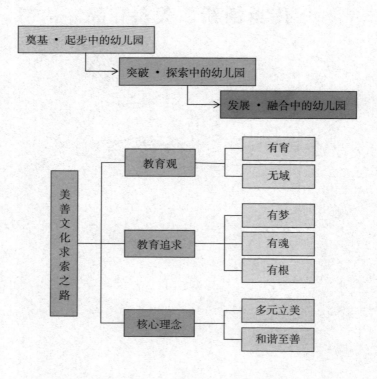

第一节 培根铸魂·求索教育之路

习近平总书记在党的十九大报告中提出：文化是一个国家、一个民族的灵魂。文化承载着民族发展的血脉，是构筑民族精神的基石，也是衡量一个国家软实力和综合国力的重要指标。文化兴国运兴，文化强民族强。没有高度的文化自信，没有文化的繁荣兴盛，就没有中华民族的伟大复兴。

追溯文化之源

❖ 文化的定义

文化是相对于政治、经济而言的人类全部精神活动及其产品；文化是智慧群族的一切群族社会现象与群族内在精神的既有、传承、创造、发展的总和。它涵括智慧群族从过去到未来的历史，是群族基于自然的基础上的所有活动内容，是群族所有物质表象与精神内在的整体。

具体人类文化内容指群族的历史、地理、风土人情、传统习俗、工具、附属物、生活方式、宗教信仰、文学艺术、规范、律法、制度、思维方式、价值观念、审美情趣、精神图腾等。具体人类文化分为物质文化和哲学思想（制度文化和心理文化）。

❖ 文化层次

因为文化具有的多样性和复杂性，很难将文化给出一个准确的、清晰的分类标准。因此，这些对文化的划分，只是从某一个角度来分析的，它是一种尝试。

文化有两种，一种是生产文化，一种是精神文化。科技文化是生产文化，生活思想文化是精神文化。任何文化都为生活所用，没有不为生活所用的文化。任何一种文化都包含了一种生活、生存的理论和方式，理念和认识。

至于文化的结构，不同的说法也很多。一般把它分为下列几个层次：物态文化、制度文化、行为文化、心态文化。

物态文化是人类的物质生产活动方式和产品的总和，是可触知的具体实在的事物，如衣、食、住、行。

制度文化是人类在社会实践中建立的规范自身行为和调节相互关系的准则。

行为文化是人际交往中约定俗成的礼俗、民俗、习惯和风俗，它是一种社会的、集体的行为。

心态文化是人们的社会心理和社会的意识形态，包括人们的价值观念、审美情趣、思维方式以及由此而产生的文学艺术作品。这是文化的核心，也是文化的精华部分。

❖ 文化的力量

文化作为一种精神力量，能够在人们认识世界、改造世界的过程中转化为物质力量，对社会发展产生深刻的影响。这种影响不仅表现在个人的成长历程中，而且表现在民族和国家的历史中。人类社会发展的历史证明，一个民族，物质上不能贫困，精神上也不能贫困，只有物质和精神都富有，才能自尊、自信、自强地屹立于世界民族之林。

❖ 文化在教育中的价值

教育作为文化传承的重要载体和文化创新的重要源泉，时代赋予教育传承创新、引领文化的历史使命，对教育提出了新的最高要求。教育从诞生起就流淌着文化的血液，理应成为主流文化的传承者、先进文化的创新者、社会主义的引领者，积极融入和带动文化事业健康发展，充分发挥对文化大发展、大繁荣的支撑和引领作用。

幼儿园作为一个重要的社会组织，同样肩负着复兴文化、树立文化自信的重任。而树立文化自信的关键是提升幼儿园内涵，也就是进行幼儿园的文化建设。

赓续育人之本

幼儿园文化是幼儿园长期发展所形成的具有独特凝聚力的园所面貌、制度规范和精神信念等，是幼儿园最为宝贵的精神财富，是幼儿园的核心竞争力所在，主要包括物质文化、制度文化和精神文化。随着教育现代化和国际化的日益发展，幼儿园的文化建设必须加强，使其成为幼儿园可持续发展的不竭动力，在国内外竞争中占优势。

联盟幼儿园深知园所文化在幼儿园发展中的重要引领作用，在上级领导的支持下，在专家的指导和帮助下，围绕"立德树人"的根本任务，加强园所文化建设，赓续育人之本。

❖ 幼儿园园所文化建设的重要性

幼儿园的文化建设是办好幼儿园的重要组成部分，是进行教育教学、实施素质教育的突破口，是实施幼儿园深层次、高品位建设的有效途径。它体现以育人为本的思想，以文化建设为突破口，更新教育教学理念，建设一支具有高品位文化素养的教师队伍，提高办园水平，形成鲜明的特色和优良的园风，创造适合幼儿发展的理想文化氛围。

1.园所文化是提高幼儿园核心竞争力的重要力量

首先，幼儿园文化具有凝聚功能，可以把教职员工紧紧地团结在一起，使他们目的明确、协调一致。新中街幼儿园在幼儿园文化建设中尊重人的情感，坚持以人为本。在幼儿园中营造一种宽松、和谐、团结、友爱的和睦氛围，使教职员工之间形成强大的凝聚力和向心力。

其次，幼儿园文化具有激励功能。幼儿园文化所形成的价值导向和园所内部的文化氛围能够起到激励的作用，极大地调动广大教职员工的积极性和创造性。在以人为本的园所文化氛围中，园领导与教职员工以及教职员工之间互相关心、互相支持。特别是领导对教职工的关心会使其感到受人尊重，自然会精神振奋，努力工作。

2.园所文化是促使幼儿园持续成长的重要保障

好的园所文化具有强烈的感染力，能激发和凝聚幼儿园教职员工的内在动力，催人奋进；它折射出的是幼儿园在发展进程中崇尚什么，追求什么；反映的是幼儿园教职工的共同追求和共同认识，是幼儿园发展的灵魂，是幼儿园发展中的一面旗帜。

独特的、深厚的文化底蕴是一个园所长期生存的秘诀。幼儿园文化的本质实际就体现在其核心价值观上，一个幼儿园能否可持续发展的关键就在于这种核心价值观是不是能够成为全园教职工认可的共同价值观。这种共同价值观能在幼儿园不断发展的道路上得以延续，并成为幼儿园可持续成长的重要保障。

❖ 把握幼儿园园所文化建设的基本内容

幼儿园文化建设作为幼儿园教育有机的重要组成部分，在幼儿园的各项活动中无不发挥着潜移默化的影响。高品位的幼儿园文化可以在提高教学效率、优化园所氛围、提高教学质量、激发师幼潜力等方面提供推动力和有效的保障。

1. 幼儿园物质文化建设

幼儿园物质文化是园所文化的物质层面，是幼儿园文化建设的重要组成部分，是园所自然环境和人文底蕴的综合体现。幼儿园物质文化建设是精神文化建设的基础，体现着园所文化的整体品位，更与精神文化有着相互促进、相互依存的关系。物质环境建设具有教育功能、示范功能、凝聚功能、创造功能、熏陶功能等，能为幼儿良好心理品格与正确价值观的形成奠定坚实基础。

幼儿园环境是育人"土壤"，不但要注重"硬"环境条件的建设，还要更加突出"软"环境的培植。内涵丰富的幼儿园物质文化，对身处这一环境中的每一个人都有潜移默化的浸润和熏陶，时刻发挥着育人的作用。

2. 幼儿园管理文化建设

幼儿园管理文化是幼儿园在日常管理中逐步形成的具有人文特色的管理制度，体现了幼儿园的管理理念、人文精神和运行效度，具有潜移默化的导向作用。幼儿园管理文化是幼儿园保持良好竞争力、形成浓郁文化氛围不可或缺的重要组成部分，对于管理者深刻认识幼儿园管理规律、提高管理效益、逐步实现办园目标具有重要的意义。

因此，在幼儿园园所文化中，管理文化的建设具有十分重要的作用。在制度文化建设方面，应积极倡导以人为本、满足人的需要、促进人的发展的新理念和提升人的价值为根本目的的管理制度。

3.幼儿园行为文化建设

行为文化是教师与幼儿践行幼儿园文化内涵的概括和总结，在园所文化的整体建设中居于核心地位，有着极为突出的作用。它是幼儿园文化积淀在现阶段的显露，是幼儿园办园理念的行为体现，是行为习惯养成、内在素质积淀必不可少的一部分。

园所行为文化的形成，是园所中的人——管理者、教师、幼儿、员工长期建设、积淀的结果，其表现方式是人行为的变化和良性发展。由此可见，园所行为文化建设的实践主体，即师幼本身；而其实践的客体，亦即师幼本身。园所一方面要调动师幼积极地投身于行为文化建设的实践；另一方面又要发挥师幼的自觉性，做出客体姿态，不断地认识、反省、解剖、强化自己。注重这些行为主体的地位，凝聚共识，才能带动园所文化的创生。

4.幼儿园课程文化建设

课程文化是一个对课程全方位透析和关注的视角，也是一个浸润于整个课程之中的关键元素。幼儿园课程文化是幼儿园的精神内核，是幼儿园建设的灵魂，是实现幼儿园教育目标的核心手段。课程文化作为影响幼儿园文化建设的关键，受到越来越多教育者和家长的关注，它集中体现了一所幼儿园独特的育人底蕴与品质。

幼儿园课程文化建设是一个循序渐进的过程，也是一项系统工程。建设适合幼儿园优质发展的课程文化，需要在认真审视社会大环境及幼儿园内部发展状况的基础上，以《幼园教育指导纲要（试行）》为基本理念和指导，以价值观和教育理念的变革为核心，以幼儿行为方式和生活方式的转变为落脚点，实事求是，因时、因地、因事制宜。

第二节　发展脉络·坚持传承创新

"问渠哪得清如许，为有源头活水来。"幼儿园六十余年的历史如水般潺潺流淌，清冽宜人。幼儿园的文化积淀在历史的长河中点滴汇聚，源远流长。溯水而上，幼儿园寻找文化发展的水流之源，发现早在几十年前，老一代新幼人已经用行动诠释着幼儿园的文化核心——美善。

奠基·起步中的幼儿园

1958年是全国幼儿园发展最迅疾的一年，全国幼儿园从1957年的1.6万所，猛增至1958年的69万所，学前教育专业正当红火，中共中央、国务院满怀着对我国教育事业更进一步的欣喜之情，在《关于教育工作的指示》中提出"全国应在三年到五年的时间内"基本"完成使学龄前儿童大多数都能入托儿所、幼儿园的任务"。

同一年，在老北京的一角，由九王坟改名四年的新中街，应着这一个"新"字，也办起了新形势下的小学、律师事务所、托儿所等。此时在这里，有一所不起眼的幼儿园正悄悄诞生，这所幼儿园应着国家的教育大计，应着周边居民对学前教育的新期待，如一轮红日冉冉升起。

这就是新中街幼儿园。

❖ 初心为善，服务于民

这一时期，学前教育的显著特点就是和单位绑定。正如新中国大多数幼儿园一样，新中街幼儿园满怀对新生活的希望，承担着为职工家长提供便利的初心、秉承着助力新中国快速发展的朴素梦想前行。当时的新中街幼儿园是一个教育机构，更是一个社会服务机构，其发展的定位是为幼儿家长服务。因此，幼儿园自成立起便兢兢业业，逐步完善服务体系，保护和照顾幼儿，帮助解决家长参加工作、学习而子女无人照顾的问题。

❖ 迁移新址，融美于教

1992年，新中街幼儿园迁址到胡家园小区。胡家园位于北京市金牌社区，毗邻使馆、高端住宅区，与中央工艺美院附属中学、北京市清美美术培训学校等美术院校为邻。浓厚的艺术氛围、独特的资源优势，为幼儿园新阶段的发展提供了新的契机。幼儿园紧抓得天独厚的新机遇，积极筹措资金，完善园所环境，完善教育教学设备，不断积极挖掘师资优势、融合区域内艺术教育资源，开始在教育实践中融合美育的理念。与此同时，幼儿园不断扩大自己的教育视野，积极学习西方学前教育的先进理念，为日后大美育的教育特色提供了思路。

❖ 美善交融，助推发展

这一时期，新中街幼儿园完成了为幼儿家长工作、学习提供便利条件的任务，体现了幼儿园"服务于民"的善举。幼儿园帮助幼儿创造美、感受美，全方位地对幼儿实施美育，以促进幼儿全面和谐地发展。在美与善的交融之中，让热爱艺术、热爱美好、向往善良、向往完善成为全体师幼的共同内在追求，初步形成了"美善文化"的雏形，为幼儿园的良好发展打下坚实的基础。

突破·探索中的幼儿园

企业有"先找市场，后开工厂"的说法，幼儿园也是这样。应充分考虑幼儿园客观基础、社会客观要求、教育客观规律和办园客观条件的要求，理智地分析幼儿园的环境、设施、师资、信誉等，清楚认识幼儿园的优势和劣势，找准自己的位置，从而为幼儿园的发展找到正确的突破口和方向。

❖ 破冰争航，止于至善

1997年，幼儿园面临着园所体制改革与机制创新的转折点，园所不断探索、大胆创新。以止于至善的要求激励全体教职员工，从理念更新、特色创建抓起，努力促进园所的科学发展，群策群力实现稳步推进，从形象树立到打破封闭式固有的管理模式，都做了积极的改变。形象方面，幼儿园倡导从教师开始，树立良好的个人形象和崭新的精神风貌，提升个人素养；物质方面，共同创设文化底蕴丰厚、艺术气息浓郁、舒适优美、寓教于境的园所环境；管理方面，幼儿园开始从"作坊式"管理向科学化管理迈进，以全新的视野重新审视学前教育发展形势，进一步挖掘身边的可利用资源，把幼儿园置身于社会中和市场中，一种新的互惠共赢的管理模式应运而生，为幼儿园的持续发展奠定了基础。

❖ 多元视野，全程美育

2001年，《幼儿园教育指导纲要（试行）》（以下简称《纲要》）由中华人民共和国教育部颁发，将艺术领域的总目标定为"丰富幼儿的情感，培养初步的感受美、表现美的情趣和能力"。新《纲要》的颁布给幼儿园提供了更为充足的理论依据，为幼儿园的美育教育创造了生长条件。幼儿园开始了以"美"为视点的大美育课程建构，先后在多个领域做了有益的探索和尝试：引进男教师，为各幼儿园应当如何充分利用男教师性别优势培育幼儿健康之美做了充足的尝试和成功的示范；尝试以西方美食为突破点，让幼儿了解西方文化，让孩子在吃出健康的同时，开拓国际视野，培育多元之美；举办大活动，为幼儿创设更加丰富的展示平台，通过日常教育掠影，展现运动养身、情感养心、文化养行、饮食养生等理念，再现幼儿的成长之美……

❖ 美善相谐，引领创新

在该阶段，幼儿园在"止于至善"的高标准、严要求下，大刀阔斧地进行体制改革和机制创新，实现了科学管理，提高了园所竞争力。美与善的文化基因已经融入园所实践的每一个细节，也深入到幼儿园每一个人的心中。美善文化的茁壮生长为幼儿园规模的扩大和管理模式的创新奠定了良好的基础。

发展·融合中的幼儿园

罗曼·罗兰曾说："一个人的特色就是他存在的价值，不要勉强自己去学别人，而要发挥自己的特长。"同样，幼儿园也需要有自己鲜明的园本特色才能立足社会。特色不仅意味着独特，更意味着超越，是其他同类幼儿园一时难以企及的，可以说，特色是所有幼儿园创牌的突破口。一定要"以特色求生存"，办出其他园没有的、与自己的特色相匹配的质量园，这样的幼儿园才会更有前景。

幼儿园以自己鲜明的办学思路和办学风格，做到"办学有方向、教育有新招"，并善于围绕幼儿园的办学思想，对园所各种管理进行多因素、多方位、多角度、多手段的分析思考，充分挖掘和利用幼儿园的优势，执着地开展办园实践，以特色带动其他方面的发展，以其他方面促进特色更加优化，进而提高质量，促进幼儿园的可持续发展。

❖ 一长两园，美善同行

2010年，新东城教委在"优质均衡"发展战略引领下，提出深化学校联盟，探索"一长两校制"的管理模式改革，新中街幼儿园和东棉花幼儿园成为学前系统首家试点单位。由此，新中街幼儿园开始了从"一"到"二"的转变。经过两年多的探索实践，幼儿园发现"一长两园"的精髓在于精神文化上达成共识，构建起合作共融的基石，使得原本封闭的两个独立个体间实现人力、物力、课程资源的融合共享，在此过程中集中有限的资源，实现效益最大化。基于文化立园的思考，幼儿园确定了在美善文化的引领下，依据地域资源特色发展的办园思路。

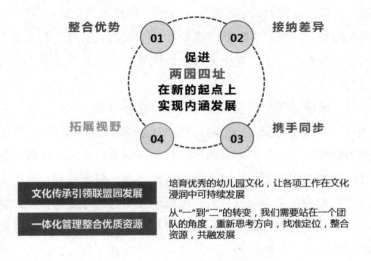

❖ 多园共融，和而不同

新中街幼儿园从一所二级二类幼儿园，上升到一级一类（2002年）、东城区示范幼儿园、北京市示范幼儿园（2010年）、北京市早期教育示范基地等。经过多年的发展，从一园到两园、三园、四园，幼儿园的大美育教育特色愈加鲜明，管理体系愈加完备。

随着社会影响力的增强，幼儿园承担了新的责任。2012年新中街幼儿园鼓楼分园开办，这是推进学前教育三年行动计划，缓解入园难，为百姓办实事的一项惠民工程。区委、区政府以及教委各级领导一直以来都给予学前教育特别大的关心，鼓楼分园的开办不仅解决了周边百姓200个学位的入园需求，同时也响应教委提出的"名园办分园"思路，不仅要办好教育，更要发挥示范园的优势和辐射作用，办出优质、特色的学前教育。2018年，幼儿园又一次开设分园——春秀路分园。幼儿园的蓬勃发展带来机遇的同时，也给幼儿园带来了新的思考，如何让幼儿园在总园的引领下实现各自的特色发展成为幼儿园面临的一项重要任务。

基于总园大美育的教育特色，结合新时期对学前教育的要求，幼儿园以总园大美育特色辐射各分园，使各园共享文化积淀，以实现"和"的文化氛围；同时深入思考各个分园自身携带的文化因素，追求和而不同，确定了各园所不同的发展特色。

东棉花幼儿园：东棉花幼儿园建筑主体是一种传统合院式建筑——四合院。因此，东棉花幼儿园围绕"小院里的健康生活"，以庭院文化为切入点，以诗词诵读、传统礼仪教育为核心，充分发挥资源优势，在老北京传统文化的氛围中培育美善之人。

鼓楼分园：鼓楼分园位于安定门与交道口交界地带，地处钟楼湾社区，辖区内有11条胡同；东侧与安定门街道宝钞南社区相邻（4条胡同）；南侧是东城区交道口街道鼓楼苑社区；西侧是西城区什刹海街道管辖区。临近钟鼓楼、时间博物馆等。钟鼓在古时用于报时之用，鼓楼之声，凝固时间，见证改变。因此，鼓楼分园发展特色定为创新育人，根据幼儿学习的方式与特点，幼儿园倡导在生活中、游戏中创新教育方式，通过亲身感受、体验、操作和探究，不断发展对自我、他人和外部世界的认识，从而进行有意义的自我建构，即能够把握时间节奏，善于聆听时代的声音，培养适应时代发展需求的现代儿童。

春秀路分园：2018年8月30日，在中央美术学院百年校庆之际，习近平总书记给学院8位老教授回信，提出"做好美育工作，要坚持立德树人，扎根时代生活，遵循美育特点，弘扬中华美育精神"的时代课题。在新的时代发展下，结合总园大美育的教育特色，结合东城区戏剧东城的文化名片，春秀路分园确定了戏剧教育发展特色，以兴趣为前提，以审美为关键，以情感为纽带，以创造为灵魂，以艺术表现为手段，通过各种现代化教育教学手段和方法融合各个领域的学习内容，用戏剧教育帮助孩子对世界进行探索，为孩子向美向善全面发展提供广阔的舞台。

对新管理模式的探索，让幼儿园实现了跨越式发展。经过一段时间的融合、碰撞，新中街幼儿园形成了"多园共融，和而不同"的办园格局。

❖ **美善合一，心系未来**

幼儿园在多年的教育教学实践中，文化积淀不断增加，教育经验和管理经验不断提升，"立美"和"至善"的理念不断交融，密不可分，和谐统一，融为一体，"美善文化"也随之不断发展，从萌芽、生长，逐步走向成熟。成熟的美善文化不仅指引着幼儿园当前的发展，更着眼未来、心系未来，为幼儿园未来的进一步蓬勃发展奠定基础、指明方向。

第三节　美善之行·谋求内涵发展

> 为进一步明确幼儿园的办园方向与办园路径，提升办园内涵，促进幼儿园健康、和谐、可持续发展，幼儿园在六十余年的办园历程中逐步形成了"多元立美，和谐至善"的核心理念，确定了"做有梦、有魂、有根的教育"办园追求，幼儿园希望充分利用先进的设施、优美的环境、良好的氛围、科学的制度、精良的教师队伍，打造园所教育品牌，在"美善文化"的引领下，探索幼儿园的教育之路。

夯实理论基础

中外著名的具有代表性、权威性和有影响力的学前教育家的幼教理论，在不同历史发展阶段，对人类幼儿教育的产生和发展产生过重大影响，极大地丰富了幼儿园的教育思想。中外幼儿教育理论的精髓，充实了幼儿教育理论工作的实际需要，也为幼儿园今后学习学前教育类的其他理论奠定了基础。比如："生活即教育""社会即学校""教学做合一"等生活教育理论，是陶行知教育思想的精髓；陈鹤琴的"活教育"理论；加德纳"人类思维和认识世界的方式是多元化的"多元智能理论；苏格拉底的"美善统一"说，美与善的教育也是统一的；席勒的"美育"教育理论等。而幼儿园主要以蔡元培的五育并举的教育思想为基础，构建"美善文化"。

蔡元培认为，民国教育应以"养成共和国民健全之人格"为目标。在他看来，健全人格的养成需要通过实施体育、智育、德育、世界观教育和美育来实现。他在《对于教育方针之意见》一文中系统阐述了"五育"各自的内涵、作用和相互关系。

军国民教育（体育）：体育是实施其他四育的基础。他说："今经科学发明，人之智慧学术，皆由人之脑质运用之力而出，故脑力盛则智力富，身体弱则脑力衰，新教育之所以注意体操运动实基于此。"

实利主义教育（智育）：即是"以人民生计为普通教育之中坚"，既包括各种普通文化科学知识的学习，如历史、地理、算学、化学、手工、博物等；也应加强职业技能的培训，密切教育与国民经济生活的关系，使其能发挥提高国民经济能力和改善人民生活的作用。他认为："我国地宝不发，实业界之组织尚幼稚，人民实业者至多，而国甚贫。实力主义之教育，固亦当务之急者也。"实利主义教育与军国民教育一样，都是富国强兵的教育。

公民道德教育（德育）：是养成健全人格之本。要避免私斗、侵略、智欺愚、强凌弱、贫富悬绝、资本家与劳动家血战之惨剧，必须"教之以公民道德。何谓公民道德？曰，法兰西之革命也，所标揭者，曰自由、平等、博爱。道德之要旨，尽于是矣"。从蔡元培对公民道德教育内容的论述，不难看出，他要求以资产阶级道德观念培养学生。不过，他同时也指出，中国传统伦理尤其是儒家伦理的一些基本范畴，其内涵与自由、平等、博爱的精神是相通的。

世界观教育：为蔡元培所独创并被作为教育的最高境界。蔡元培在哲学上受康德二元论的影响，把世界分割成现象世界和实体世界两部分。从这种观点出发，他认为世界观教育是"实体观念之教育……对于现象世界，无厌弃亦无执著；对于实体世界，非常渴慕而渐进于领悟"，亦即"循思想自由、言论自由之公例。不以一流派之哲学、一宗门之教义梏其心，而惟时时悬一无方体、无始终之世界观以为鹄"。简言之，世界观教育就是要使人们认识世界的本性，破除人我之差别、幸福之营求，达到与万物浑然一体的境界。

美感教育（美育）：蔡元培堪称中国近代教育史上首倡美育的第一人。他受康德美学思想的影响，认为"美感者，合美丽与尊严而言之，介乎现象世界与实体世界之间，而津为桥梁"。美育可以引领人们进入一种"自美感以外，一无杂念的意境"，通过诗歌、美术、音乐等艺术活动，可以净化心灵、陶冶人格。上述军国民教育、实利主义教育、公民道德教育偏重于现象世界之观念，为隶属于政治之教育；世界观教育和美感教育以追求实体世界之观念为目的，为超越政治之教育。蔡元培认为"五育"不可偏废。这一德、智、体、美、世界观全面和谐发展的教育方针的提出，不仅是对清末教育宗旨的否定，是教育上一个重大的进步，也奠定了我国近代全面发展教育的理论基础。

现在所提倡的五育则是：德、智、体、美、劳。德育是培养儿童人生观、价值观的教育，主要指道德品质和正确的政治观念。智育指学习科学文化知识、技能，发展儿童智力、非智力因素。体育强健体魄，掌握健康的知识、培养意志力。美育是培养儿童的审美观，提升高尚情操和文明素质的教育。劳育是培养儿童进行劳动观念和劳动技能的教育。

所以综合以上，可以看出，蔡元培提出的五育并举和现代五育的相同点是都追求儿童多方面和谐发展。

厚植文化底色

党的十九大强调要优先发展教育事业、办好人民满意的教育，实现"幼有所育"；习近平总书记在教育大会上强调，要全面加强和改进学校美育，坚持以美育人、以文化人，提高学生审美和人文素养；《3—6岁儿童学习与发展指南》（以下简称《指南》）中指出"每个幼儿心里都有一颗美的种子"。新中街幼儿园深刻理解教育的根本任务，顺应国家教育发展趋势，抓住文化建设的内涵，坚持以幼儿为核心，关注每一个孩子的成长，让每一名幼儿都学有所长，个性张扬，全面发展和可持续发展。幼儿园在传承中华传统文化的基础上，充分创造条件和机会，在大自然和社会文化生活中萌发幼儿对美的感受和体验，丰富其想象力和创造力，引导幼儿学会用心灵去感受和发现美，用自己的方式去表现和创造美。

❖ 对"美"的文化理解——和谐为美

美，甘也。从羊从大。（《说文解字》）古人养羊肥大为美。"美"，本义：肥美。引申义：食物可口，味美甘甜。另外羊是象形字，象征人佩戴羊角、牛角，古人认为这样很美。中国古代传统文化重经验、重直观，思维也以直观为传统方式，对美的本质的论述往往以经验描述的形式出现，更多的是强调人与自然的统一、人与社会的统一、主客观的统一。儒家主要从伦理道德谈美，认为美是道德理想的完满实现，孔子说"里仁为美"，说仁、义、礼、智、信等为美，强调人际关系以仁为美，即美是人的仁德，美即善。孟子说"充实之谓美"，认为美即"仁爱"，"仁爱""充实"就美。荀子说"不全不粹，不足以为美"。概之，美即道德的善。道家认为美是自然无为之道，代表人物是老庄。老庄认为，道为天地之大美，道之所以美，就在于自然无为；"无为而无不为"是宇宙的基本原则，达到这种境界就是美。

人类对"美"的追求，从人类诞生伊始到人类发展的各个阶段，从未停歇。在人的一生中，"幼"正如混沌天地间蓬勃而出的一线红光，是人类智力生长、身体发展的最初与最重要的阶段，在这个阶段对幼儿进行"美"的教育，是人类历史发展的传承，更是推动人本身发展所必需的因素。

❖ 对"善"的文化理解——上善若水

"善"，本义"吉祥"，做形容词用有"完好、善良、慈善"等义项，做动词用有"擅长、修治、羡慕、认为好、赞许、友好"等义项，做名词用有"好人"义，还做姓氏。"善"具有深刻的伦理学、哲学和佛学内涵。《道德经》中说，"上善若水，水善利万物而不争，处众人之所恶，故几于道。居善地，心善渊，与善仁，言善信，正善治，事善能，动善时。夫唯不争，故无尤。"将"善"分为了两个层面，一是"为善以德"，要像水一样，帮助万物而不与万物相争；二是"善为以能"，能够居住在好的地方，心胸善于保持沉静而深不可测，待人善于真诚、友爱和无私，说话善于恪守信用，为政善于精简处理，能把国家治理好，处事能够善于发挥所长，行动善于把握时机。

基于上述的认识与多年来的实践积淀，新中街幼儿园提出了"美善文化"，走出了一条"美善文化"的内涵发展之路。

解读教育内涵

文化是一种柔软的力量，是一所幼儿园的信仰。60多年的发展，幼儿园孕育了一脉相承的美善文化。幼儿园认为每个幼儿心中都有一颗美的种子，教育最重要的任务，就是教会儿童从周围世界的美和人的关系的美中看出精神的高尚、善良和诚恳，让这颗美的种子生长、萌发，在幼儿身上确立美的信念，产生美的向往，从而确立自己的人生观、价值观。

❖ "美"文化的教育阐释

美通常指使人感到心情愉悦的人或者事物。美是一种合乎客观规律，又合乎主观目的，能使人产生快感或精神愉悦，或令人喜爱的感性生活。它是人类社会出现后，随着人的意识的产生而产生，是人类认识世界的结果，是人的一种心理的情感的评价。对美的追求是艺术的永恒旋律。而教育之美，是人间大美。"追求美"的教育意味着教育要追求美；追求"美的教育"则意味要懂得教育之美，理解教育之美，并执着于教育之美。每个幼儿心里都有一颗美的种子。幼儿园要充分创造条件和机会，在大自然和社会文化生活中萌发幼儿对美的感受和体验，丰富其想象力和创造力，引导幼儿学会用心灵去感受和发现美，用自己的方式去表现和创造美。

❖ "善"文化的教育阐释

作为学前教育，不仅要深刻认识到"人之初，性本善"，还要在教育过程中注重对孩子"善"的培养和养成，能与自然为善、与社会为善、与人为善、与心灵为善，而且要养善能，提高师幼的能力，使之善德、善行、善能兼备。

多年来，幼儿园结合各园的地域特色、文化传承，形成了"和而不同、各美其美、共同发展"的教育局面。

新中街幼儿园致力于做东西方文化交流的桥梁，采用多元的国际文化元素，通过丰富多彩的活动，让孩子在亲自参与、亲身经历中拓宽国际视野。此外，幼儿园将"以美育人"的核心理念渗透到五大领域课程之中，以德为先，实现以美健体、以美雅言、以美启智、以美怡情。

东棉花幼儿园地处南锣文化区东棉花胡同，幼儿园本身是一座四合院，与周边居民关系亲密，睦邻友爱，以传统教育、诗仪教育为核心，开展适宜环境资源、融合五大领域教育的走学、诵读、民间工艺、民间游戏等特色活动。

鼓楼分园位于鼓楼东大街与草厂胡同交汇处，周边有鼓楼、后海公园、茅盾故居、齐白石故居纪念馆等，人文底蕴浓厚。幼儿园的位置在新中街幼儿园与东棉花幼儿园之间，其发展取两园之所长，融古典与现代、国内与国外的教育于一身，积极探索一条全新的育人路径。

春秀路分园：在新的时代发展下，结合总园大美育的教育特色，结合东城区戏剧东城的文化名片，春秀路分园确定了戏剧教育发展特色，用戏剧教育帮助孩子对世界进行探索，为孩子的向美向善全面发展提供广阔的舞台。

树立教育观念

"美善文化"在多年的实践中形成了"有育无域"的教育观。"有育"强调的是教育理念上的认知，指教育有情怀、教育有方向、教育有方法；"无域"强调的是教育行动上的大视野，不局限于某一领域，能够在一定范围内融通资源、融合领域、贯通成长阶段等。

——"有育"

一是教育有情怀。教育是一个灵魂对另一个灵魂唤醒，教育者只有具备真正的教育情怀才能给予幼儿之所需。幼儿园倡导教师要有爱的基本态度，既要热爱教育事业，不断激励、完善自己的教育行为，又要尊重、赏识幼儿，用积极的情感中介，有效激发幼儿学习的自主性。

二是教育有方向。教育要有明确的方向，明确培养什么样的人。幼儿园一方面倡导要紧紧围绕立德树人的根本任务，"在坚定理想信念上下功夫，在厚植爱国主义情怀上下功夫，在加强品德修养上下功夫，在增强知识见识上下功夫，在培养奋斗精神上下功夫，在增强综合素养上下功夫"；另一方面，要坚定《指南》《纲要》的大方向，不能脱离《指南》《纲要》的发展要求。

三是教育有方法。教育需要一定的策略性途径。幼儿园倡导在教育的过程中教师要有科学的方法与灵动的智慧，能够毫不懈怠地追求与探索，不断创造出睿智与灼见，善于把握每一个转瞬即逝的教育契机，智慧地引领幼儿的成长。

——"无域"

一是教育资源能融通。孩子的成长需要多方位的资源支持。幼儿园注重内外地域打通，全方位整合家庭、幼儿园、社会等多方面的教育资源，引领幼儿体验不同的学习方式和场景，增长幼儿见识，激发幼儿自主发展的动力，强化幼儿社会交往的能力，帮助孩子从自主发展、社会参与和文化基础诸方面协调发展。

二是学习领域能融合。《纲要》强调"幼儿实际的学习是综合的、整体的"，倡导结合园所实际和幼儿特点，将健康、语言、社会、科学、艺术五大领域有机融合到教学活动中。幼儿园在教育中充分考虑五大领域的全面性和均衡性，有效融合五大领域目标，以丰富的实践体验，促进幼儿多方面能力的提升。

三是生命成长能贯通。人的发展是连续的过程，如果教育的各学段全方位贯通，无疑更有利于人的发展。幼儿园在教育中以幼儿的持续和谐成长为本，让每个阶段的教师都能从孩子的整体发展出发，通盘考虑设计本阶段的教育活动，从而保证教育教学的连贯性，有效地做好幼小衔接工作以及小、中、大班的衔接工作，促进幼儿阶梯成长。

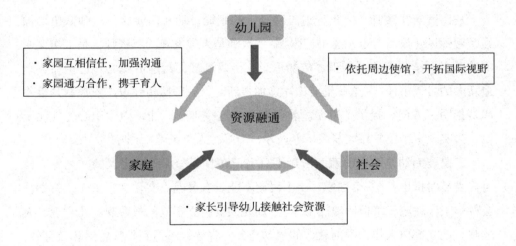

明确教育追求

幼儿园在"美善文化"的引领下，提出了"做有梦、有魂、有根的教育"的教育追求。

——有梦

一是园长、教师要有理想。有理想，才能有目标、有发展。新时代的幼儿园园长要明确幼儿园的神圣使命，明确幼儿园3～5年的发展目标，把使命和目标作为园长和教师的共同理想。有了好的规划，还要使幼儿园的教师人人理解，通过多种形式的强化，渗透到血液中去，让每位教师都坚定理想，充满希望。

园长要用理想点燃每个教师的热情，将热情化作团队的力量来实现幼儿园的共同理想。

二是要培养对未来憧憬的孩子。习近平总书记说过："要坚持学而信、学而思、学而行，把学习成果转化为不可撼动的理想信念，转化为正确的世界观、人生观、价值观，用理想之光照亮奋斗之路，用信仰之力开创美好未来。"少年儿童是祖国的未来、民族的希望，幼儿园要培养幼儿自尊自信的品质，引导幼儿感受生活的美好，乐观向上，积极进取，培养出对未来憧憬的孩子，培养合格的社会主义接班人。

——有魂

一是要落实教师"人类灵魂工程师"的职能。幼儿园要完善教师队伍，加强师德师风建设。习近平总书记强调："教师是人类灵魂的工程师，是人类文明的传承者，承载着传播知识、传播思想、传播真理，塑造灵魂、塑造生命、塑造新人的时代重任。"这一重要论述为加强新时代教师队伍建设，发挥教师重要职责指明了方向、提供了遵循。教师要落实这一神圣职能，内化于心，外化于行，为实现中华民族伟大复兴培养人才，当好"人类灵魂工程师"。

二是要为幼儿培根铸魂。习近平总书记在看望参加政协会议的文艺界、社科界委员时指出："一个国家、一个民族不能没有灵魂。文化文艺工作、哲学社会科学工作就属于培根铸魂的工作。"幼儿园要树立正确的教育观、儿童观、人才观，把立德树人作为学前教育的根本任务，将德育渗透到日常生活和教育中，激发幼儿热爱祖国的情感，为幼儿培根铸魂，培养合格的社会主义接班人。

——有根

一是要传承传统文化根脉。习近平总书记指出："中华优秀传统文化是中华民族的突出优势，是我们最深厚的文化软实力。"幼儿园要传承中华传统文化根脉，充分汲取优秀传统文化的营养，教师要热爱传统文化，才能更好地实现自身发展，并把传统文化运用在幼儿教育中，更好地服务幼儿成长，培养具备仁、义、礼、智、信良好品格的美善幼儿。传承传统文化根脉，有助于实现幼儿、教师以及幼儿园整体的全面和谐可持续发展。

二是要扎根中华大地办教育。习近平总书记在全国教育大会上发表重要讲话，指出要坚持扎根中国大地办教育。幼儿园扎根中华大地办教育，就要着眼于中华民族自身的发展需要，从我国优秀的历史文化资源中汲取养分，不仅要立足我国基本国情，还要有国际视野，博采众长。幼儿园要有扎根中华大地办教育的决心、信心和行动，努力培养德智体美劳全面发展的健康幼儿，让幼儿成为未来合格的社会主义建设者和接班人，做世界的中国人。

构建核心理念

纵观新中街、东棉花联盟幼儿园的发展历程，不难发现，幼儿园从开办的初心——为职工家长服务，到一步步自我突破、改变，成为北京市市级示范幼儿园、北京市早教示范基地，在前进的道路上一直不断创新，"多元立美、和谐至善"，是幼儿园能够一步步走到今天的精神信念。

——多元立美

全国教育大会上，习近平总书记指出，要坚持以美育人、以文化人，提高学生审美和人文素养。美是纯洁道德、丰富精神的重要源泉，美育是培根铸魂的工作，在落实立德树人根本任务中发挥着不可替代的作用。新中街、东棉花联盟幼儿园在教育中注重在大美育的视野下，融德育、智育、体育、劳育于一体，从多元角度为师幼立品行之美、康健之美、聪慧之美、创造之美，促进每一个生命美的发展。

一是融德育，立品行之美。德育是学前教育的重要组成部分。幼儿时期是影响和塑造一个人品格修养的关键时期，开展良好的德育教育，可以为幼儿形成美好的品行奠定基础。幼儿园一方面打造舒适优美、传统文化气息浓厚的园所环境，陶冶师幼情操；另一方面开展传统礼仪、节日等特色课程，融德育于幼儿一日生活和教学之中，通过正确的引导，培养幼儿逐步形成良好的道德品质和行为习惯，立品行之美。

二是融体育，立康健之美。良好的体格需要从小培养。幼儿园引进男教师，发挥园所空间优势，开展抖空竹、滚铁环、跳皮筋等体育活动；同时，充分利用北京地坛体育馆等社会资源，开展与奥运冠军竞技等活动，以丰富多彩的体育活动增强幼儿体质，培养坚强、勇敢的精神，促进幼儿身体协调性的发展，立康健之美。

三是融智育，立聪慧之美。幼儿时期的智育，是帮助幼儿获取粗浅知识和技能的启蒙教育。幼儿园在日常教学中，注重幼儿良好学习习惯的培养，以幼儿兴趣和需求为出发点，引导幼儿积极参与，锻炼口语表达能力和实践能力；选取适合幼儿的年龄特点的内容，如彩色绘本阅读、趣味音乐教学等，寓教于乐；运用适当的教学方法，如启发式提问、及时给予幼儿肯定和鼓励等，启发幼儿思维，培养幼儿的学习品质，提升幼儿人文素养，立聪慧之美。

　　四是融劳育，立创造之美。劳动教育可以丰富幼儿体验，帮助幼儿感受付出与收获，养成幼儿劳动习惯和技能。幼儿园对幼儿的劳动教育注重以点带面。一方面，在幼儿园创设劳动情境，作为劳动教育的基本点，在生活活动和区角活动中培养幼儿的生活能力和劳动技能，锻炼幼儿动手能力；另一方面，对园所内劳动点的创设进行发散和辐射，积极拓展社会资源，让大自然、大社会成为幼儿的劳动场，让幼儿走出园门，通过实践体验，发展幼儿的思维能力，激发幼儿创造力，帮助幼儿树立创造之美。

　　——和谐至善

　　至，是到达、追求的意思。善，既是指善良、友好，也指善于、擅长。习近平总书记强调，要"培育崇德向善风气，形成向上向善的力量，建立和谐文明国度"。幼儿园"美善文化"倡导在发展的过程中，要秉持一颗善的初心，以不断向上的态度，在教育教学中让生活与游戏相和谐，在幼儿成长中让全面与个性相和谐，在园所建设中让本土与国际相和谐，全面体现出善的追求。

　　一是生活与游戏相和谐，教育追求至善。学期教育是融入生活的教育，兼具生活的日常性与教育的独特性。同时，游戏是幼儿最喜欢的活动，是学前教育的重要方式。幼儿园注重生活教育与游戏教育两种方式各自的特色和重要性，一方面，将教育追求融入日常生活中，对幼儿进行生活渗透；另一方面，将游戏作为培养幼儿动手能力、思维能力、探究能力的重要手段，以符合幼儿身心发展特征的游戏活动，让幼儿在快乐中学习，在快乐中成长。幼儿园实现了生活与游戏相和谐的教养状态，体现了至善的教育追求。

　　二是全面与个性相和谐，成长追求至善。对幼儿实施全面发展教育是我国幼儿教育的基本出发点，也是我国幼儿教育法规所规定的幼儿教育的任务。幼儿的发展具有阶段性、差异性和不平衡性，幼儿园尊重幼儿的个性特点，采取适合幼儿年龄特点和发展规律的教育，鼓励和支持幼儿根据自身兴趣、需要和经验水平，自主选择游戏内容、游戏材料和伙伴，同时以适合幼儿身心发展特点的方式促进幼儿在体、智、德、美诸方面全面和谐发展，促进每个幼儿个性发展，实现每个幼儿全面与个性的和谐发展，体现至善的成长追求。

三是本土与国际相和谐，园所追求至善。习近平总书记说过，中华优秀传统文化是中华民族的精神命脉，是涵养社会主义核心价值观的重要源泉，也是我们在世界文化激荡中站稳脚跟的坚实根基。幼儿园倡导既要有开放的视野，又要静心做教育；既要扎根传统文化，又要拓展国际视野；要立足国际视野，创新传统文化。幼儿园扎根中华游戏传统文化，从中汲取精华，培养幼儿厚德、明礼、向善的美好品质，同时注重走出去，吸取国际先进的学前教育理念，将传统与国际融合创新，达到和谐的境界，体现对园所持续发展的至善追求。

第二章

智慧和美，人文至善

管理是一定组织中的管理者，通过实施计划、组织、领导、协调、控制等职能来协调他人的活动，使别人同自己一起实现既定目标的活动过程。一所幼儿园的品质发展离不开科学、高效的管理，幼儿园管理文化应渗透于幼儿园的环境、机制、精神面貌等各个层面，不断丰富和拓展幼儿园管理的理论内涵，为幼儿园管理创新提供理论依据。建构高品质的管理文化是幼儿园实施品牌战略、实现长远发展的重要前提和保证。

　　幼儿园管理是一门科学，也是一门学问，更是一门艺术，这需要管理者潜心研究，更需要管理者的智慧。新中街幼儿园在"美善文化"的引领下，在实际工作中积极采用智慧的管理策略，全面提升幼儿园整体水平，促进幼儿园可持续性发展。

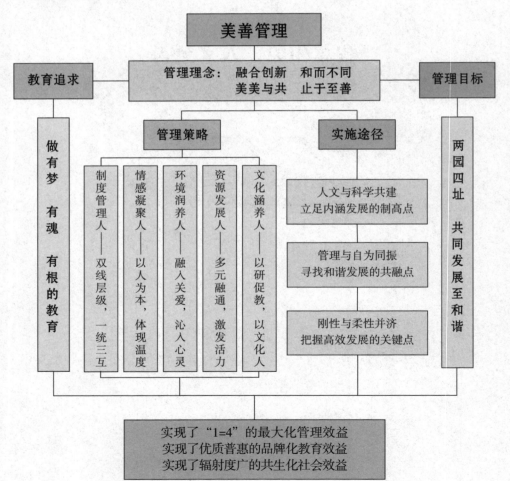

第一节　引活水，凝聚思想共识

新中街幼儿园作为联盟幼儿园，其多园融合的办园模式给幼儿园管理带来了挑战和思考，促进了管理机制的调整和管理思想的革新。李丽华园长从智者、学者、商者、忍者的角色定位出发，系统分析园所特色，解读"美善文化"，以"智慧和美，人文至善"的美善管理凝聚思想共识，促进园所的发展，通过生态化管理模式，采用制度、情感、环境、资源、文化共同作用的管理策略，达到两园四址共同发展、和谐发展的管理目标，实现幼儿园品牌化、战略化发展。

思想源泉

幼儿园管理是一项复杂的系统工程，与整个幼教的工作理念、教育观念、教育教学方式、教育教学行为等有密切关系。在日趋多元化发展的今天，如何创新幼儿园管理，建立科学、有效的管理制度，是幼儿园管理者面临的严峻问题。幼儿园顺应时代发展要求，立足园所实际，在"美善文化"的引领下，实施美善管理。

❖ 新时代催生幼儿园新形态，新形态助力幼儿园新发展

1. 新时代催生幼儿园新形态

在新时代的要求下，推动教育均衡发展是必然趋势。随着基础教育发展的深入，东城区教委在"优质均衡"发展战略引领下，提出深化学校联盟，探索"一长两校制"管理模式改革，新中街幼儿园和东棉花胡同幼儿园成为学前系统首家试点单位。由此，新中街幼儿园开始了从"一"到"二"的转变。学校联盟是现代教育发展的一种趋势，也是教育均衡、优质发展的一种路径。联盟幼儿园办园规模较大，管理工作也相对复杂，使幼儿园发展面临前所未有的挑战，如何让幼儿园在总园的引领下实现各自的特色发展成为幼儿园面临的一项重要任务。因此，幼儿园需要有统一的办园理念、统一的管理思想、统一的工作策

略，只有通过不断提升管理的标准化水平，提高管理的专业化程度，才能在快速变革的时代中，达到整体优质，直至实现持续发展。

2. 新形态助力幼儿园新发展

幼儿园多园融合的新形态，决定了其与传统幼儿园相比，在管理上更加烦冗复杂，需要科学合理地建构管理体系，满足其优质发展的需求。在价值引领上，需要不断丰富办园内涵，形成未来园所发展理念，以统一行动，达成共识；在组织结构上，需要实现重心下移，将传统的管理转变为扁平化管理，减少层级，化繁就简，提高管理效益；在制度建设上，需要认真分析各项工作的标准，建立健全制度体系，建构幼儿园管理的标准化体系；在师资队伍建设上，需要建立完善的人才培养机制，关注激发内在驱动力，打造学习型团队，助力幼儿园实现整体优质、可持续发展。

东城区新中街幼儿园立足"一长两园"的园所新形态，积极应对多园融合的办园模式给幼儿园管理带来的挑战，从根本上转变传统的管理观念与管理机制，以管理组织机构的变革，追求高效率的园所教育管理，构建起"美善管理"新体系，以适应新时代下幼儿园持续发展的需求。

❖ **"美善文化"的教育追求呼唤"美善管理"**

幼儿园"美善文化"追求"做有梦、有魂、有根的教育"，这一教育追求要求幼儿园在管理中构建共同愿景、融入情感温度、坚定文化导向，催生了"美善"的管理文化。

1. 有梦，让管理构建共同愿景

习近平总书记说过："用理想之光照亮奋斗之路，用信仰之力开创美好未来。"美善文化追求教育要有梦，这既要求园长、教师要有理想，又要求幼儿园要培养对未来充满憧憬的孩子。只有将幼儿园的教育目标和理想渗透到幼儿园管理中，才能用理想点燃每位教师的热情，将热情化作团队的力量，构建幼儿园发展的共同愿景，才能引导幼儿乐观向上、积极进取，培养合格的社会主义接班人。

2. 有魂，让管理落实培根铸魂

习近平总书记强调："教师是人类灵魂的工程师，是人类文明的传承者，承载着传播知识、传播思想、传播真理，塑造灵魂、塑造生命、塑造新人的时代重任。"幼儿园管理要落实教师"人类灵魂工程师"的神圣职能，加强师德师风建设，要树立正确的教育观、儿童观、人才观，落实立德树人根本任务，将德育渗透到管理文化中，为幼儿培根铸魂，培养未来能担当复兴大任的优秀人才。

3. 有根，让管理坚定文化导向

习近平总书记指出"中华优秀传统文化是中华民族的突出优势，是我们最深厚的文化软实力"，要"坚持扎根中国大地办教育"。这要求幼儿园的管理要坚定文化导向，要传承传统文化根脉，把传统文化精髓应用到园所管理中。不仅要着眼于中华民族自身的发展需要，立足我国基本国情，还要有国际视野，博采众长，培养德智体美劳全面发展的健康幼儿，做世界的中国人。

核心理念

在管理中最重要的一点就是理清思路。明确的发展方向以及明确的管理理念是办好幼儿园、做好管理工作的基础。2010年，在东城区教育"优质均衡"发展战略引领下，新中街幼儿园和东棉花幼儿园成为东城区深化学校联盟，探索"一长两校制"管理模式改革中学前系统首家试点单位，随着园所的不断发展，逐渐发展为包括新中街幼儿园、东棉花胡同幼儿园、新中街幼儿园鼓楼分园、新中街幼儿园（春秀路园）在内的"一长两园四址"的办园模式。

从"一"到"多"的转变，不仅仅是量的增加，更是质的转型。在保障"两园四址"办园理念和质量一致的同时，还需要在各自原有的基础上，让四所幼儿园进一步彰显个性、传承特色、办成精品，以实现整体的优质发展。因此，幼儿园必须在国家、市、区学前教育发展大背景下，以更高的站位，找准四所幼儿园在区域学前教育的发展定位、深度思考如何集各园优势丰富办园途径，在传承基础上整合优势，以更宽的视野携手同步，促进各园在新的起点上实现内涵发展。

在新时代教育发展的大背景下，东城区新中街幼儿园本着开放融合的态度，力争保持管理理念的精炼与弹性，强调回归"本位"的管理精神，在达成共识的基础上，实现多元共生。幼儿园依托"传承创新""各具特色""和而不同""善能善为"的核心思想，将各园管理定位于"融合创新，和而不同；美美与共，止于至善"，开始了幼儿园管理实践的新探索。

❖ **融合创新，和而不同**

融合创新是各种创新要素通过相互融合和匹配，从而使创新系统的整体功能发生质的飞跃。创新是各项事业得以发展的不竭动力，大胆地尝试和挑战，不断为时代注入新鲜的血液；而融合则是将各种元素聚集到一起，让全新的系统发挥更大的作用和价值。

"融合创新"在新时代、新思想下不断为园所管理注入活力。

时代的更迭往往伴随着变革的产生。正是因为"一长两园"管理模式改革的契机，成就了幼儿园管理体制的变革。从"一"到"二"的转变，不仅意味着园所在规模上的扩大，同时也代表着精神的合作共融。融合创新，正是基于以上变革的对幼儿园管理思想的创新和发展。一方面，在"美善文化"的统一引领之下，各园之间达成精神共识。总园长对幼儿园工作全面负责，整合好各园区之间不同的优势资源，确保各园区财务预算、人事调配、日常行政工作的公开、公平和公正，提升效能。另一方面，各园区的执行园长对本园区的内部事务和教育教学进行具体、全面的管理，针对自身特色创新管理模式，就具体工作灵活安排，确保办园目标的实现。因为有了从单一园所向联盟园的转变，幼儿园得以集众园之长于一体，实现了从量变到质变的飞跃，最大限度地发挥管理效能，实现多园共生共融的局面。

"和而不同"较早出于《国语·郑语》。《国语·郑语》这样说："夫和实生物，同则不继。以他平他谓之和，故能丰长而物归之；若以同裨同，尽乃弃矣。"意思是：和谐才能生成万物，同一就不能发展。把不同的东西加以协调平衡就叫和谐。这种和谐不是表面上的一团和气，而是丰富中有特色，发展中有动力。如果不是这样，把相同的东西重复叠加，那用尽了也就没有了。

"和而不同"是几千年积淀的中华传统文化的核心智慧。

"和"落实到多园区管理上，幼儿园把它理解为：和谐统一。一是指各园区在园长的统一领导下，形成统一协调的管理团队，围绕共同的办园目标，践行共同的办园理念，遵循共同的核心制度，实行统一的人、财、物配置，形成一个和谐的教育改革与发展的良好环境。二是指在"一长两园"这一公共平台上，努力构建"课题研究、课程建设、教师发展和卫生保健"的共享互惠机制，从而推动各园区间均衡良性发展，实现互利共赢，促进园际共享与共同发展，提升幼儿园的整体办园质量。人和则进，园和则谐。幼儿园以和衷共济、同心协力的精神发展幼儿园，激发师幼的主动性和积极性，凝聚师幼的力量，共同推进幼儿园健康、和谐、可持续发展。

"不同"的第一层含义是教育特色取向上各园区有所不同，在统一性的基础上突出差异性，形成自己的办园特色。在园所发展的实际需要上，实行园所文化的差异化、培养目标的差异化和教育特色差异化，通过整合优势打造新中街幼儿园的国际文化品牌、东棉花胡同幼儿园的传统文化品牌、鼓楼分园的创新教育品牌、春秀路分园的戏剧特色教育品牌，在充实美善文化的同时，体现园所1+1＞2的发展效应。"不同"的第二层含义是各园区在具体的内部管理中可以根据自身的实际情况有所创新、有所突破，以激活内在发展的动力，使得各园区管理在大方向一致的情况下有多样的特色，彰显"和而不同"的灵性。

"和"是对统一性、规律性、全局性的尊重，是一种文化、理念和目标上的深层共识，体现了教育的大气；"不同"是对差异性、层次性、现实性的顺应，是一种策略和行动上的顺时、顺势之举，成就教育的生动。

❖ **美美与共，止于至善**

"美美与共"出自我国著名社会学家费孝通先生之口。原为十六字箴言"各美其美，美人之美，美美与共，天下大同"，指既不磨灭民族文化的"自性"，又有全人类"共性"的新文化，建构起真正的文化认同，拼合不同的美而达到一种平衡。

"美美与共"是既能展现个性，又能和谐共美的一种理想状态。

东城区新中街幼儿园根据不同园所的特点，立足实际，坚持开放包容的态度，在"美善文化"的引领下，融合各自区域内的教育资源优势，打造各具特点的教育特色，如：新中街幼儿园在"美善文化"引领下，进一步融合区域艺术教育资源优势，深化"美育"特色，即将"以美育人"的核心理念渗透到五大领域教育之中，以德为先，实现"以美健体、以美雅言、以美启智、以美怡情"，培养热爱生活、富有创意、乐于表达、悦纳自我、欣赏他人的现代儿童；东棉花胡同幼儿园在"美善文化"引领下，将"小院里的健康生活"教育理念渗透在五大领域教育之中，以胡同民俗文化为切入点，定位"诗仪"文化，通过诗词诵读，使孩子体验诗词意境美（人文美、环境美），开展传统礼仪教育、"走学"、民间游戏、工艺等特色活动，"培养具有中国传统文化和现代风尚的健康北京儿童"等，使每所幼儿园凸显特色，各展其美，美美与共，和谐发展。

"止于至善"出自《礼记·大学》"大学之道，在明明德，在亲民，在止于至善"。朱熹在《大学章句》中解释说："止者，必至于是而不牵之意；至善，则事理当然之极也。言明明德、亲民，皆当至于至善之地而不迁。"昭示后人修身育人，都必须达到完美的境界而毫不动摇。

止于至善，是以卓越为核心要义的至高境界的追求。

止，是永不停息的执着心态；善，是至高无上的完美境界。这在人性的层面上是大爱、大智的体现，而对于园所管理而言，既阐明了基本的价值理想，凝聚教职工的心力，同时，又为园所紧跟时代大潮、不断向高质量迈进注入了一针强心剂。幼儿园在管理过程中，始终坚持以"善"为追求，严格要求、科学统筹园所各方面的管理工作。具体表现为"居善地，心善渊，与善仁，言善信，政善治，事善能，动善时"（出自《老子》）。居善地，即居住位置合理；心善渊，即心态宽容大度；与善仁，即待人真诚友爱；言善信，即言语平实守信；政善治，即为政有条有理；事善能，即行事贵其能力；动善时，即行动掌握时机。以此七善，幼儿园对内宽严得当，树立良好的精神风貌，对外审时度势，提升整体竞争力，不断推动园所可持续发展。

发展目标

幼儿园的和谐发展是社会和谐发展的重要组成部分。幼儿园和谐发展的明显标记应是保教人员和幼儿的综合素养不断得到提高，幼儿园的各项机制不断得到完善，幼儿园的社会效益和经济效益不断得到提升。最终实现"两园四址，共同发展至和谐"的美善管理目标。

幼儿园在联合办园的探索和思考中，打破发展瓶颈，在坚持各园管理制度和行为规范的一致性的基础上，追求"一园一品"，实现各园个性化发展。通过对各园进行个性化指导，着力提高管理者的理解力和执行力，为各园提供同等的发展机会，帮助各园形成自己的独立思想，创设特色课程，凸显园所个性，建设精品优质的园所特色文化。

同时，幼儿园追求各园共同发展，力求制度规范一致化、人员配置最优化、资源效益最大化、课程建设特色化，全面实现多园均衡发展、特色发展、共同发展，并最终实现多园制度相融、取长补短，管理相同、统一规范，资源相通、合成创新，文化相长、美美与共的管理目标。

倡导发展机会的均等、管理制度和行为规范的一致

制度规范一致化
人员配置最优化
资源效益最大化
课程建设特色化

文化相融、共同展望
制度相融、经验共享
管理相融、共同发展

第二节　融多元，达成行为共振

　　在时代高速发展背景下，幼儿园应该结合自身实际情况，紧跟时代发展步伐，构建更加和谐、健康的学习生活环境，追求高品质的教育质量。幼儿园统一管理、同步发展，立足实际，寻找到四所幼儿园相互扶持、促进、融合而又极具个性之处，在深挖园所自身优势基础上，形成相互融合而又独具特色的发展态势。在实践中，幼儿园从分析现状出发，寻找适合的管理方式，完善民主管理机制，不断维护和完善现有资源优势，在多元融合中，达成各方行为共振，协同创设和美园所，推动幼儿园可持续发展。

制度管理人——双线层级，一统三互

　　幼儿园规章制度的建立，是园所管理的一项常规性工作，也是实现科学管理的手段，在强化管理、提高工作效能和形成良好园风方面都具有重要意义。合理的规章制度对于建设优良的组织文化具有重要意义，既为教育提供良好的

条件，本身也可以发挥教育感染作用，使园所工作纳入良性循环，进而为推动幼儿园发挥教育机构的文明辐射作用和改善社会风气产生积极的影响。在探索集团化办园模式、构建集团化管理机制的过程中，幼儿园制定科学有效的规章制度，各类人员各司其职，各负其责，逐步将外部的制约规范内化为行为主体的责任意识，自觉地加以执行，从而培养良好的工作作风，促进幼儿园的和谐发展。

❖ "双线层级"扁平化管理

幼儿园在管理机构的设置上遵循"双线层级"的一体化模式：纵线上，采取园长统管、各园分管的方式，由园长牵头，下设四址执行园长（主管主任），分管各址日常教学和后勤工作，使每项工作得以在不同园区深入落实。横线上，各园增设办公室，直接与园长对接，使各园管理能横向联系起来，由办公室主任负责各址协调，监管工作举措落地。幼儿园整体形成条条管理、统筹协调的扁平化管理。幼儿园通过整体构建条块相辅、统筹协调的扁平化管理模式，减少管理层次，减弱各模块之间的依赖性，化繁就简，使整个管理系统运行自如。

幼儿园在管理策略上注重团队的力量，深刻认识到"让孩子健康成长的前提是让教师发光"，通过加强师资管理，提升教师素质；注重动力内化，发挥人的主观能动性，凝聚团队的力量，提升团队的能力，发挥团队的优势，打造向善尚美的文化氛围，从而提高管理的科学化和规范化。科学规范的管理机构，凝心聚力的管理策略，再加上良好的文化积淀，使新中街幼儿园、东棉花胡同幼儿园、鼓楼分园、春秀路分园实现了统筹规划、同步发展。

❖ "一统三互"合作化管理

幼儿园发挥扁平化组织的优势，突破管理瓶颈，拓宽管理视野，注重各个部门之间的交流沟通和资源共享，以整合型的管理团队，使管理效能最大化。

"一统"即统一各园制度；"三互"即各园教师同岗互议、同岗互助、同岗互动。

同岗互议：由于四址分散，大家聚在一起研讨的时间有限，所以同岗位的教职工利用电话、微信等多种现代化手段，针对出现的一个问题进行研讨，以求达成管理的共识，规范管理行为。

同岗互助：同一岗位的干部针对同一类情况互相帮助，包括人、物、经验等的帮助，增加干部广泛锻炼的机会。激发干部队伍活力，提高干部执行力，提高干部综合能力，提升联盟园干部队伍建设的科学化水平。如：定期召开全园干部联席会，就幼儿园工作计划制订落实、重要工作提议、重大活动组织等核心工作，进行集体讨论决策，深化共融办园。

同岗互动：就是各园同一个岗位的教职工打破园级界限互动，如：同职干部轮换工作岗位，深入不同园址，了解熟悉同职工作的差异，进一步实现统筹管理、互促提高。实行集中交流轮岗与平时个别交流轮岗相结合，努力实现干部轮岗交流工作的经常化、制度化。

幼儿园充分发挥园所特色优势，在统一制度的前提下，采取同岗互议、同岗互助、同岗互动的合作模式：依据教师的年龄、性格、能力、兴趣、爱好，同岗、同职、同责人员建立手拉手合作关系，构建起四址骨干教师、传统教育、各领域学科研究小组，同岗互议；同一岗位的教师互相帮助，借鉴经验、提高效能，同岗互助；通过定期开展骨干教师跨园观摩、学科小组研讨等活动，使得骨干教师在各自擅长的领域与各园不同层面教师交流，同岗互动。在"一统三互"的合作管理模式下，幼儿园凝聚团队力量，各园合作共赢，提升了管理效能。

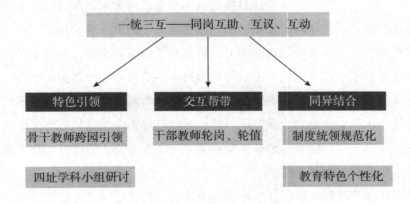

情感凝聚人——以人为本，体现温度

管理的核心要素就是人，问题在于如何管。刚性的制度约束虽然必不可少，但柔性的激励有时更能激发教师的主体意识，点燃教师的工作热情，所以幼儿园倡导浸入心灵的管理，让教师主动、积极地工作，实现自我升华，使孩子快乐真实地成长，实现全面发展。

❖ 从单一的行政管理转变为群众参与的民主管理

人是管理的核心，现代管理强调以人为本的原则。因此，管理工作要最大化地调动和发挥全体人员的积极性，形成人人参与管理的局面，才能较好地实现幼儿园的发展目标。幼儿园在管理过程中发现：虽然大家都在努力地工作，但缺少主动研究、主动创造的精神，这使幼儿园一度形成了缺少活力、缺少竞争的工作态势。为此，必须打破现状，创造一种具有向心力的、积极向上的团队精神，使每位教师都参与到园所的发展与建设中来，形成群策群力的民主氛围。

一是共同树立奋斗目标。目标管理是以目标为中心进行管理活动的一种现代管理方法。要使园内总目标与各部门及个人的目标融为一体，使教职工变"要我做"为"我要做"，就要从目标的制定入手，使大家在参与目标制定的过程中形成积极的团队精神。于是，幼儿园改变了过去由管理者制定目标，由教职工执行的方法，而是采用自下而上、自上而下的反复研讨，将制定目标的过程作为全体教职工统一思想、理清思路的过程。从每一位教师到班组都针对问题和现状对今后的发展提出了自己的意见，最终由园务会确定园所发展的远期和近期的目标。由于是集大家意见所成，在执行过程中教师们能够围绕目标开展各项工作，共同的愿景激励着大家步调一致、齐心协力地做好工作，教职工的归属感和向心力大大增强了。

二是鼓励教师参与管理。当代管理决策论者西蒙曾说过：管理工作的关键在于领导者，领导艺术的核心在于激励下属积极主动地工作。首先，幼儿园注重将教职工的利益与幼儿园的发展前途紧密联系，在开展重大活动以及制定重大决策之前，都要动员教职工献计献策，化被动为主动，以搞好每项工作。其次，充分发挥园务会、教代会、工会、团支部等各组织部门的协调作用，每月定期召开各种会议，征求意见。在各部门的讨论中大家放下思想包袱，大胆发言，及时地为园里提供了改进工作的建议，同时为园所的发展规划提供了新的依据，进而保证了决策的准确性。最后，注重创设宽松的精神环境，从尊重、信任的角度与教师平等地沟通，使每位教师都能有表现自己的机会，形成通畅的沟通渠道。针对教师关心的问题定期给予反馈，如：园所资金的使用、重大事情的调整、园务工作等都采取公开、公示的方式听取群众意见，保证教职工的知情权、参与权。为了保证教职工随时都能发表建议，园内设立了合理化建议奖，每月园务会对教师的意见进行评议，一旦采纳，进行公示并给予奖励，进一步增强教职工的责任感、使命感。

❖ 从事务性的管理转变为调动积极性的自主管理

领导科学认为，人类的行为主要由动机支配，而动机的产生是由人的需要决定的。就是说，人的行为总是在某种动机的支配下，以达到需要的满足为目的。幼儿园的优质发展必须坚持动力引导，使得全体教职工积极主动地投身到各自岗位，创造性地开展工作。因此，作为管理者就要不断地激发教职工的潜能，引发其行为的内动力，做到支持到位、关心到家、要求具体、措施得当，充分发挥人的主观能动性，使管理真正为人的发展服务。

一是建立激励机制。针对幼儿园的具体情况健全了一系列激励机制，为教师的成长提供了有力的制度保证，如：管理措施、人事制度、分配制度及优化教师队伍结构等，尽力为教师创造公平的竞争环境。在实施中幼儿园不断反思管理方法的适宜性，并及时地进行调整，在对教职工开展评价的过程中，注重发挥评价的导向性，由过去的每学期一评改为每月一评，将评价的着重点放在对教师工作的总结、积累、反思上，要求教师每走一步都要在原工作基础上改进和提高，这样大大改善了教师工作的盲目性，提高了工作效率。

二是满足教师不同需要。马克思曾提出：人的心理动力源于人的需要的满足。成功、自信、自尊是每个人的根本需要，也是每个成功人士必备的心理品质。因此，幼儿园倡导"教师第一"的理念，建立人才培养机制，积极探索一套行之有效的培训体系，使教师不断学习、不断自我超越。于是，幼儿园除了在教师的衣、食、住、行等生活方面给予关心与帮助之外，特别注重在事业上针对不同教师的需求搭建成长平台。首先，为教师创造公平的学习机会。如：对青年教师从时间和经费上给予继续深造的便利，针对中老年教师知识老化问题，开展以观念更新为目标的系列培训。其次，为教师创设因人而异的表现机会。如：年轻教师缺乏实践经验，但在技能方面突出，幼儿园就开展了舞蹈、演讲等与教育有关的技能比赛，使每位教师都有展示的机会。第三，借助区重点工作创设公平竞争的机会。如：每次区展示活动，幼儿园在全体参与的基础上进行选拔，让每位教师在研究过程中得到提高。为了加强骨干教师培养，幼儿园制定了区级、园级骨干教师发展具体目标，有目的、有计划地开展培训，面对幼儿园青年教师多的特点开展了心理健康讲座、礼仪培训、形体训练等，使教师在不断满足需要的过程中能力得到全面提升。

环境润养人——融入关爱，沁入心灵

幼儿园是育人的地方，因此内涵丰富的幼儿园物质文化，对这里的每一个人都发挥着潜移默化的浸润和熏陶作用。为了做好物质建设，为文化建设打下坚实基础，幼儿园关注园所的环境建设，加强园所的物质投入，同时做到从心出发，关爱每一个生命，坚持科学与人文并举，让师幼在这里健康快乐地成长。

❖ 科学管理，创设健康成长环境

一是拟定制度，落实安全管理。对于幼儿园而言，制度建设具有丰富的内涵。建立现代的园所管理制度，可以实现管理的"标准化"，可以更好地规范幼儿园并创新内部管理机制，理顺各个环节之间的关系，为各项工作的顺利进行营造良好的环境。如幼儿园拟定晨午检制度、传染病防病宣传等一系列确保幼儿园健康教育工作"有规可依、有章可循"的制度措施。借助健康工作教研，逐层深入、反复研学北京市健康促进学校工作有关文件精神、东城区健康促进幼儿园评价标准，全员参与讨论、完善了一系列健康教育相关制度："幼儿园健康促进工作章程"，明确创办健康促进幼儿园工作指导思想、工作目标、策略措施等；新建"特殊体质幼儿管理""教师体检""幼儿体检体测""健康教育实施""师幼健康档案管理"等十多项涉及师幼、家庭健康管理、健康指导制度；完善"突发传染病""应对雾霾天气"等一系列应急工作预案，及时有效地应对特殊事件、特殊天气情况，为幼儿打造安全环境。

二是联动社区，加强安全保障。幼儿园注重园所周边环境的检测与管控，消除安全隐患。如：规范入园、离园的秩序，加强离园时段部分教师、家长委员会代表参与执勤等。

三是真诚呵护，营造人文氛围。幼儿园在创设安全舒适的园所环境的同时，关爱教师的身心健康，真正走进教师内心，用真诚和关爱营造温馨和谐的人文氛围。及时沟通、了解教师在工作和生活中遇到的问题和实际需求，有针对性地开展系列关爱教师的活动，如干部谈心日、暖心聊吧、趣味瑜伽等，舒缓教师的压力，提升职业归属感，从而在工作和学习中保持活力。

四是以养促健，注重安全健康。幼儿园的受众群体是孩子，因此，幼儿园在管理工作中更加关注幼儿在园的生活品质：每年的冬季园里都会延长取暖季前后半个月的供暖时间，保障幼儿的需要，减少病患发生；针对北京雾霾严重的情况，幼儿园按照每间屋子的大小配备了空气净化器，并根据不同预警等级做好预案，保证雾霾天孩子在不外出活动的情况下也得到相应的身体锻炼。

东棉花胡同幼儿园是平房，夏天容易受到蚊子的困扰，幼儿园给每班配置驱蚊灯、驱蚊宝贝金水，每天户外活动时统一喷洒后再外出。幼儿离园后由后勤人员喷洒稀释后的药水对幼儿园整体环境进行维护，极大地解决了受蚊子困扰的情况。

针对园所一些体弱幼儿的消化吸收问题，特邀请中医医院儿科专家为幼儿进行捏脊治疗，还特派保健医向中医专家学习捏脊按摩，通过膳食调理和捏脊的辅助，有效地促进体弱幼儿的消化吸收，使每名体弱幼儿平均体重增长了20%。

❖ 遵循规律，加强环境改造提升

环境改造也是幼儿园发展的重中之重。尤其是新中街幼儿园鼓楼分园，原址为北京国际职业学校分部，其建筑结构、色调等都与幼儿年龄特点不相符合。为进一步扩充优质教育资源，满足适龄幼儿入托需求，落实市区三年行动计划精神，教委各级、各部门领导积极协调推动，幼儿园于2012年3月，着手进入设计阶段，2013年3月正式开始改造建设。教委领导以及学前科领导亲临现场调研，对基础设施建设、幼儿园装修设计方案进行深入指导，装修改造方案几经完善：

男女童分开的半遮挡式厕坑设计，尊重孩子性别差异，同时满足年龄较小孩子如厕需有小手扶的心理安全需要；地台小跃层设计，拓宽孩子游戏空间，使活动室更具温馨氛围；亭式转椅，融入园林式院落风格，为孩子们增设了更多游戏空间、游戏选择。教委投入900万元，全部用于基础建设，原12个标准中学教室，现改造为满足3—6岁幼儿生长特点和发展需要的幼儿园专用教室6间；配备幼儿图书阅览室、会议（综合活动）为一体的多功能教室各1间；地下办公区域配备幼儿琴房、一体化不锈钢电磁灶具设备厨房、资料室、复印室、配电室、教师更衣间、宿舍、休息间等辅助办公用房12间。幼儿园可开设6个教学班，满足近200名适龄幼儿入托需求。

资源发展人——多元融通，激发活力

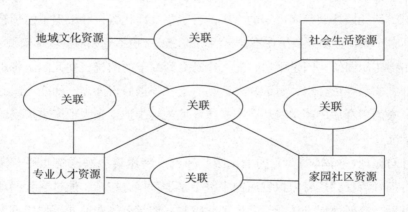

　　幼儿园在规模扩大的同时，师资、场地等各种资源也随之扩大，因此需要打破"资源墙"，加大各分园之间的交流，盘活资源，让资源利用实现最大效益。"一长两园四址"最大的优势在于资源的扩大。如何利用好这些资源，进一步扩大资源范围、提高使用效率，是幼儿园工作的着力点。为此，在明确目标定位后，盘活资源，进一步强化"集各园之力和所处不同区域的地理优势，打破园际、区域壁垒，让资源流动起来，发挥最大功能和效益"的理念，在教师流动、课程一体化、统筹管理等方面实现优质资源融合共享，成为园所管理的重要任务之一。

❖ 社会生活资源丰富幼儿园育人载体

生活化的学习可以让孩子体验不一样的精彩，让孩子的学习融入生活、让孩子感受国家大事，参与各项活动。时事是幼儿园教育的契机，孩子的发展点就是教师们的关注点。如伦敦奥运会前期，结合时事展现艺术，让孩子们体会为祖国争荣誉、为生命的健康喝彩，孩子们将自己的心声以百米画卷的形式送往奥组委，并到大使馆亲手接受了国际奥委会主席赛巴斯第安科先生的回函，孩子们感受到荣誉感和自信，并筑牢健康和坚持运动的信念；以生命健康为首要任务积极推进健康教育，6名奥运冠军走进幼儿园与孩子们一起玩蹦床、举重、做体操……成为孩子们常态校外辅导员，同时还指导17名一线男教师开展体育活动。

❖ 专业人才资源拓宽幼儿园发展思路

中小学教师、学生走进园所，与孩子们共同游戏，提高幼儿游戏的艺术性和内涵；大学教授走进幼儿园，让教育两端的工作者形成合力，共同培养幼儿对戏剧的兴趣；民间艺人走进园所，和孩子们一起玩老北京民间游戏；使馆的家长走进幼儿园，带来家乡文化的宣传。丰富的活动让孩子在传承的基础上锻炼身体，增强自信，增进同伴间的情谊。中医儿科专家入园，为教师、家长普及健康护理知识，为幼儿的营养食谱进行养生之道调配，并于2015年在中医院儿科专家指导下出版幼儿养生膳食书籍《四季养生膳食》。

❖ 地域文化资源点亮幼儿园发展特色

"一方水土孕育一方文化，一方文化影响一方社会"，幼儿健康成长过程中，特定地域文化的影响是很重要的因素。为此，幼儿园注重从区域入手，对园所所处地域的资源进行梳理整合，把文化资源引入幼儿园，将幼儿的教育成长课堂建到社区、商店，并融入社会的方方面面，让幼儿园有形的小场地影响社会无形的大资源，为儿童的健康成长开辟广袤空间。

❖ 家园社区资源增强幼儿园辐射力度

作为区计生实训基地，幼儿园坚持每月一次的早教活动，专家报告、准妈妈准爸爸课堂、新生儿护理与喂养……惠及95%以上的家庭，受到三个地区29个社区家长的欢迎，让更多的家庭受益。特别是在2015年为政府办实事工程活动中，在学前科精心策划和指导下，在合作姐妹园的支持下，幼儿园通过教育宣传、专家报告、师生展示等增加了200多人次的辐射，让更多的家庭掌握科学育儿的方法，同时展现了东城学前教育的品质和风采。

文化涵养人——以研促教，以文化人

高水平的幼儿园管理就是园所文化管理。只有文化立园，才能文化强园，这也要求园长在强化管理执行力的同时，还要渗透亲和力，让执行力充满人情味。这样才能使幼儿园的管理在活泼、生动、和谐和高效中运行，收到良好的效果，实现文化兴园。

❖ 建设研究型教师队伍，以研促教

现代管理科学认为：管理活动中内外环境多变，科技突飞猛进，人的价值日益受到重视，有效的管理是与内外环境变化动态相应、随机相宜的。因此，管理者就要随环境的变迁来选择适宜的管理方式。在教育改革迅猛发展中，园所必须打造一支研究型的教师队伍，那么，管理者必须成为研究型的干部。

一是园长要亲历研究过程。实践证明，园长的专业化水平对教师的发展起着至关重要的影响。作为管理者，园长必须要随时了解教师的现状，及时发现其优势与不足，并在教育中起引领作用。于是，幼儿园重新调整了工作安排，将主要时间、精力全部转移到教学上来，并提出领导干部"三必须"，即：必须主持一项课题研究、必须保证下班时间、必须参与教研活动。在专家指导下，园长和教师们按照研究内容与目标认真地做好对幼儿的观察、对课例的反思、对经验进行总结，深入实践增强了园长对教育发展的把握，改变了许多过去教育中存在的问题。在教育内容的安排上，教师们做了有针对性的调整；在教育方法上，教师们做了许多大胆尝试。一段时间下来，园长和教师们的共同语言多了，商讨的话题多了，共同兴趣也多了，教师们感到在研究中的目的性更强了，教育思路更加清晰了，研究的主动性更高了，反思实践的园风也在逐渐形成，教师的教育能力在实践中不断提升。

二是要为教师创设发展空间。为了使教师能有更多的展示机会，幼儿园通过各种途径为教师搭建展示的平台，进一步激励教师自主发展，如：进一步完

善各种奖励制度，增设了最佳活动奖、最佳服务奖、教学进步奖、成果显著奖等，这些制度的制定使教师能够针对自身的特点向较高的标准不断努力，在不同的方面做出突出的贡献，达到了人尽其才的目的。近年来，教师在市、区、园各项评选、竞赛中屡获佳绩，并多次在各大刊物上发表优秀文章，同时，幼儿园在课题研究上持续发力，硕果满枝，成绩喜人，使幼儿园的物化成果从无到有，从少到多，大大增强了教师的自信心。此外，还通过各种竞赛、以老带新、榜样示范等活动使教师定期开展学术交流、论文评选、示范课观摩、技能展示，从不同层面展示每位教师的优势，最大限度地调动教师积极性，发挥其潜力，从而使教师主动工作和学习。

目前，幼儿园的教师正以饱满的热情、积极的态度投入到新的教育改革之中，幼儿园的教育质量也在不断提高。实践使幼儿园进一步认识到：教师是教育改革的主力军，帮助教师不断提高素质，主动面对教育改革的挑战，是管理者永恒的探索主题，幼儿园会为之不懈努力。

❖ 创设创新型园所文化，以文化人

习近平主席常说，要坚持立德树人、以美育人、以文化人。幼儿园要加强文化建设，建设创新型园所文化，才能落实以文化人，培养全面发展的社会主义接班人。园所文化具有自己的历史积淀和个性，指导并制约着幼儿园的一切行动和发展，对"美善管理"的实施具有指导意义。

一是以文化活动营造幼儿园精神氛围。幼儿园开展丰富的文化活动，有助于教师、幼儿的身心发展，对营造整体精神氛围有重要作用。幼儿园的文化活动不仅要针对幼儿，也要针对教师，开展学习传统文化、民俗文化、国际文化等活动，深化教师文化积淀，拓展教师文化视野，丰富教师的精神世界，为幼儿园营造整体上积极向上的精神氛围，推动幼儿园管理文化的进一步深化。

二是以文化体系指导幼儿园课程建设。苏霍姆林斯基说过："学校的领导首先是教育思想的领导，其次才是行政领导。"园所文化是幼儿园保教工作的行动指南，是其课程体系、教学特色、管理制度等得以"生根发芽"的"土壤"，具有凝聚与号召的作用。幼儿园要构建科学的文化体系，用文化体系指导课程建设、引领教师成长、优化内部管理、调适外部环境，不断积累，形成文化积淀，更好地为幼儿园的管理服务。

第三节　重生态，助力情感共融

生态性，代表的是一种系统内部的有机统一，是系统内部各个要素之间的相互促进与发展。生态化对幼儿园管理具有重要作用，对教师、幼儿乃至整个教育系统的健康可持续发展都具有重要作用。

新中街幼儿园作为一所联盟幼儿园，需要不同于传统幼儿园的全新管理模式，才能充分发挥自身特色，避免管理的误区。李丽华园长带领幼儿园探索出"美善管理"的生态化管理模式，这是一种有生命、能生长、张弛有度的管理模式，它认为幼儿园是一个完整的生命体，需要呼吸与共，也需要各自生长，才能形成协调运转、和谐发展的生态系统。生态化管理模式贯穿幼儿园"美善管理"文化体系的始终，是幼儿园管理的最终归宿。

呼吸与共，构建生命共同体

"一长两园四址"是幼儿园的显著特点，在管理过程中，幼儿园坚持尊重生态个体的多样性，激发个体的主动性，在有效发挥个体价值的同时促进整个生态教育系统的全面发展。

❖ 生态化管理将两园四址视为一个完整的生命共同体

幼儿园是一个生命体，具有生长性。幼儿园注重让两园四址共同发展，加强相互交流和沟通，共享教育资源，共享管理经验，做到管理上的协调统一，实现资源上的融合贯通，落实教育上的文化共识，追求发展上的共同生长。通过两园四址"呼吸与共"的生态化管理模式，让两园四址全面交流，深层合作，成为和谐发展的生命共同体。

1.共享课程资源，提升课程品质

要提升课程品质，首先要积累优质的课程内容，幼儿园以美育课程为基础、传统课程为特色、国际化课程为载体，以编写教材、组织实践为主要手段，积累系列优质课程内容，构建优质课程共享资源库，使课程品质的提升得到有效保障。如：东棉花胡同幼儿园顺利开展了0~3岁亲子教育与社区联动活动。

2.共享培训资源，推进实践研究

教师的成长以及教育教学质量的提高需要借助园本培训加以推进；新的研究问题，需要专家点拨来加以纠正和推进，因此，共享培训资源对实践研究的推进既是一种监督，又是一份促进，对提升教师课程实施能力、提升课程质量起到了重要的推进作用。

如：专家资源一体化。针对各园的不同特色、教育需要，定期邀请学前教育高端的教授、专业性的领导做培训，教师可以根据自己的需要选择参加。如：东棉花胡同幼儿园邀请老艺术家给两园教师培训中国传统剪纸艺术；新中街幼儿园将美国项目教学研究理念传播到东棉花胡同幼儿园，在国际艺术交流大会上给各园教师培训。

3.共享人力资源，满足园所需求

幼儿园拥有一批市级、区级、园级骨干教师梯队，他们成为教育一线的专家，拥有最富实践性的教育经验，共享这一人力资源让幼儿园开始更多地探索有效的联动机制，发挥他们的引领与辐射作用。同样一名骨干教师，过去只在一所园发挥作用，现在带动各园教师成长。

例如：好经验分享、每月活动展示、四址联合教研、教育活动擂台赛、园本培训等。有效推进交流学习和共同发展，促使各园址在自主创新的基础上稳步提高。

❖ **生态化管理体系是一个和谐发展的生态系统**

生物学上的生态系统指生物群落及其无机环境相互作用的自然系统。幼儿园整体的管理体系就类似于这样的生态系统，是各部分协调作用、相互影响、和谐统一的。一个生态系统中的种群是彼此依存的，没有种群能脱离生态系统独立存在。幼儿园的各部分之间也是相互依存的，两园四址是一个生态系统中的不同种群，幼儿园各职能部门也是不同的种群，各种群之间需要相互配合，共同维持生态系统的和谐统一、协调发展。

1.园所与园所：构筑"一体化"的管理

多所幼儿园统一管理、同步发展，需要幼儿园立足实际，寻找各园间相互扶植、促进、融合而又极具个性之处，在深挖园所自身优势基础上，形成相互融合而又独具特色的发展态势。实践中，幼儿园从分析现状出发，将不断维护和完善现有资源优势、推动幼儿园可持续发展。

在管理过程中召集各园的中层以上干部，共同研究制定园所发展的共同愿景，坚持园所共同的管理制度和行为规范，提供园所同等的发展机会，建设精品优质的园所特色文化。力求：制度规范一致化、人员配置最优化、资源效益最大化、课程建设特色化，最终实现：制度相融、取长补短；管理相同、统一规范；资源相通、合成创新；文化相长、美美与共。

2. 家、园、社：构筑"全方位"的管理

不同生态系统之间是相互联系、相互依存的。幼儿园这个生态系统与家庭生态系统、社会生态系统等彼此交错，密不可分。幼儿园的管理文化会受到家庭和社会的影响，也会向家庭和社会辐射，并最终影响整个社会的发展，再反过来对幼儿园的发展起促进作用。生态化管理模式是符合新时代下学前教育发展现状的，有利于与家庭、社会的交流与配合，有利于促进幼儿园的全面协调可持续发展。

《幼儿园教育指导纲要》总则中指出："幼儿园应与家庭、社区密切合作，与小学衔接，综合利用各种教育资源，共同为幼儿的发展创造良好的条件。"在家庭方面，幼儿园坚持"服务、引领、支持、合作"的原则，积极争取家长资源，让家长参与到幼儿园的教育教学和管理中来，共同提升幼儿园的办园质量。同时，幼儿园注重从区域入手，对园所所处地域的资源进行梳理整合，把文化资源引入幼儿园，将幼儿的教育成长空间建到社区、商店，并融入社会的方方面面，让幼儿园有形的小场地影响社会无形的大资源，为儿童的健康成长开辟广袤空间。

各自生长，实现最优化发展

❖ 两园四址在同一发展愿景下践行各自的特色化道路

两园四址是一个呼吸与共的共同生命体，每个部分都是这个共同生命体的器官。这个生命体要实现自身的生长，需要靠每个器官的工作来实现。所以，幼儿园不仅要保证各园发展的统一性，还要保证各园的独立向上生长，即让生命体的器官充分发挥各自的职能，在总园的引领下，以自身的有序创新发展带动两园四址整体发展。

共同生命体的各个器官之间是一种合作共赢的关系，每个器官的生长都有赖于其他器官的生长，也有助于其他器官的生长。所以，各园所要发挥各自特长，深入思考各自携带的文化因素，追求和而不同，确定各园不同的发展特色，实现各自的最优化发展。只有两园四址这几个器官都充分发挥了自身特色，才能让整个生命体实现呼吸和发展。在协调运作下，四址各自发扬特色，相互借鉴，共同发展。

❖ 生态化管理将教师和幼儿回归到个体来分析

生态化管理是以人为中心的，人既是管理的对象，也是管理的主体。"美善管理"的生态化管理模式，重视对师幼心理和行为的分析研究，重视师幼的发展内动力，通过积极的互动与合作，强化人与人之间的关系，积极促进每位教师的可持续发展，促进每个幼儿的可持续发展。生态化管理将人性化管理与科学化管理并重，遵循教师专业发展规律和幼儿成长规律，充分调动每位教师和每个幼儿的积极性、主动性，最终实现幼儿园整体与师幼个人的协调统一发展。

教师方面：幼儿教育是国民教育的重要组成部分，是我国国民教育和终身教育的奠基阶段。幼儿园教师队伍的状况，直接影响办园水平的高低和孩子们的健康成长。提高幼儿教师的专业素养，促进教师成长，培养一支勇于创新、敢于实践、善于研究、乐于奉献的教师队伍，是幼儿园创新发展的根本。幼儿园认真贯彻十九大精神和习总书记提出的"四有好老师"和"四个引路人"要求，秉承"多元选才、全面育人、综合发展"的教师队伍建设理念，让每个人都有机会学习、有愿望成长、有信心发展，实施美善管理，打造美善团队。

幼儿方面：《3—6岁儿童学习与发展指南》以幼儿后继学习和终身发展奠定良好素质基础作为目标，以促进幼儿体、智、德、美各方面的协调发展为核心，提出3—6岁各年龄段儿童学习与发展目标和相应的教育建议。幼儿园坚持以幼儿为本，尊重幼儿主体地位和个性差异，尊重幼儿的身心发展规律，开展丰富多彩的教育教学活动，促进幼儿生动活泼主动发展，全面健康成长。

第四节 拓思路，实现多点开花

人是幼儿园管理中最基本的要素，园所管理说到底是对人的管理，任何管理都必须从调动人的积极性入手，只有管好人，才能管好财、物、时间、空间和信息等。科学化、规范化管理幼儿园是每一位幼儿园，管理者思考的现实问题。管理需要智慧、需要创新、需要胸怀、需要境界。幼儿园拓展管理思路，坚持人文与科学共建、管理与自为同振、刚性与柔性并济，多点开花，共同推进管理实效。

人文与科学共建，立足内涵发展的制高点

制度管理与人文管理是现代管理的两个重要方面，两者相辅相成、缺一不可。须根据具体情况及时调整两者的关系，采用适宜的管理方法。随着教育改革的不断深入，幼儿园管理逐步走向科学，各项规章制度的建立逐步使经验型管理转变为现代化管理。同时也要注重人文管理，管理者要从内心关心教职工的工作、学习和生活，满足教职工的物质需要和精神需要。在制度之下采用人文管理，为教职工创造一个良好的发展空间。

❖ 人文传承，深化内涵

幼儿园传承与发扬多年来所积淀的"美善文化"主题，以幼儿园深厚的历史积淀加强人文传承，凸显特色，深化内涵，形成品牌。

1. 追本溯源，传承文化精髓

教育本身作为一种文化活动，必然要清楚自己有着什么样的使命担当、价值追求和发展目标，一个拥有文化的幼儿园，才能更好地追求品质，持久地引领教师思想和行为，努力实现幼儿全面和谐发展的教育。幼儿园挖掘与利用地域文化，加强精神的积累、传承与创新，强化精神文化、制度文化、行为文化等园所文化理念，通过动态的人文环境凝聚人心，在全体教职工之间建立情感

的纽带，将教师的心联结起来，在园所文化营造的精神氛围中，向美向善发展。

2. 立足实践，深化文化内涵

幼儿园文化需要在实践中传承、巩固和发展，只有在实践中确立的文化才能得到全体教职工和幼儿们的真正理解和认同。幼儿园采取多种方式加强对园所文化和特色的研究，让干部、教师加深对"美善文化"的认同感，并主动参与到文化建设中。联盟园各党小组聘请专家，引领全体党员、教师召开"加强特色建设，奠基未来发展"座谈会，大家在深入理解幼儿园"文化""特色"建设意义与实质的基础上，进一步确立以"文化"为引领，完善幼儿园特色建设。

❖ **科学建构，提升品质**

加强管理的科学性，提升幼儿园的教育品质，形成文化品牌。

一是科学构建"一长两园四址"管理模式，建立起四址发展布局合理、全面的资源结构，并加强对各自园所特色的重点研究，满足每个园所、每个幼儿成长的需要。"一长两园四址"的发展规模，进一步扩大了幼儿园的管理范畴，同时使资源更为丰厚，但资源也存在一个为适应教育发展而不断更新的过程，而如何更好地管理各园所，实现在共享的基础上相互融通，形成1=4的效应，即：一家园所的优质资源四家园所用，一份资金投入，四园智力共享，在彰显每一个园所特色的同时实现效益的最大化。

二是科学构建课程，实现精品特色课程共享，让每位教师、每个幼儿都成为资源联合的受益者。"把中国传统文化教育的精髓在世界范围内展示出来、传承下去、引领带动、发扬光大，办国际化、现代化的经典教育，是东城教育追求的目标与使命"。学前教育的发展根基之一在于对课程的研究。如何根据中国孩子的年龄特点、满足社会需求、适应未来世界的发展来推进课程改革是办好国际化现代化学前教育的关键。"一长两园四址"的管理模式，使得幼儿园既可以立足各自不同特点，深化对同一课程不同实施手段、方法策略的研究，又可以实现以一址为基地，独立深入开展具有自身特色的课程研究活动，积累教育成果，分享教育经验。

管理与自为同振，寻找和谐发展的共融点

管理是管理者的行为，体现的是管理者的智慧，即"他为"；而自为，表示行为主体通过自身的行为和动作，实现目标和发展，体现的是个体智慧、民主智慧。重管理而轻自为，会造成管理模式的死板、僵化；重自为而轻管理，则会造成人员的怠惰、散漫。只有管理与自为二者并重，共同作用，和谐同振，寻找相辅相成的平衡点，才能找到和谐发展的共融点，实现园所的和谐发展。

❖ 明确职责，完善管理体制

完善责任制度，加强常规管理，优化保教管理模式。推行条线负责制，园长全面负责，各条线具体落实到每一个行政班子成员，小、中、大各年级组由中层蹲点分管。形成"谁的班级谁负责""谁的岗位谁负责""谁分管谁负责"的岗位责任制，提升教师的目标感、责任感、团队协作感，进而提升管理工作的"执行力、时效性、问责制"，在精细中求规范。

1. 岗位轮换，提高效能

坚持每周一次"同岗沟通"、每月一次"行政联席教研"、每学期一次"跨园互动轮岗"，初步形成网络式管理结构，提高管理效能。各园同职干部轮换工作岗位，深入不同园址，了解熟悉同职工作间的差异，进一步实现统筹管理、互促提高。

2. 督学保障，护航发展

每月一次的督导视察，帮助领导干部们定期总结工作、梳理经验、反思不足，督促领导干部们在现有优势的基础上不断传承，建立健全幼儿园长效监管机制。

❖ 落实制度，管理有章可循

以幼儿园章程为依据，加强各项规章制度的执行力。本着幼儿园"管理无小事，事事皆教育"的作风，引领教职员工形成"精心、精细、精品"的自我要求，加强部门工作巡查与考评，从安全工作、保健工作、教学常规、科研工作等入手，做到例行检查与随机抽查相结合，发现问题及时反馈、及时改进。

1. 集体办园，民主管理

定期召开教代会，广泛了解教师意见，审议《幼儿园教师考核评价制度》《师德承诺制度》等重要决议，保持和发扬集体办园的智慧和优秀传统。

2. 统一制度，科学规范

制度规范是各址融合发展的有效保障。为此，幼儿园提炼制度中相同的内容，完善统一不同的内容。如：统一考勤制度，完善文案材料逐层审核制度，新增"四方进班"制度等，实现两园四址亲而近之、近而融之、融而和之。

3. 园务公开，实时监督

公开是最好的民主措施。本着公平公正的原则，对于评优评先、职称评定、民主评议等重要事项，在园务会的基础上，幼儿园都会在第一时间公布结果。

❖ **激发热情，提升参与意识**

激发教师的教育热情，提升教师参与管理的自为意识和主人翁意识。幼儿园进一步提升教师和保育员的职业尊严和职业幸福感，提高群体管理水平及协调水平，确保其做好一日活动各环节的保育及教育配合工作，照顾好幼儿的一日生活。以良好的班级形象、优质的服务态度、全新的工作理念，出色完成保育教育任务，确保保教质量的提升。

1. 行政研讨，凝聚发展共识

四址教师参与干部行政例会、文化建设研讨会等会议活动中，通过管理的扁平化让全体教师深入了解幼儿园的文化内涵，准确把握办园理念、育人目标，凝聚发展共识。

2. 人才流动，激发向上动力

通过业务干部轮动、骨干教师联动、同岗教师互动，让流动成为常态，形成教师发展"动力群"，提升发展续航力。

3. 资源融通，实现共建共享

建立课程资源"融通"机制。如：将东棉花胡同幼儿园的非遗传人引入新中街幼儿园，丰盈国际理解教育课程。利用新中街幼儿园使馆资源，带领东棉花胡同幼儿园和分园的孩子走进使馆，感受多元文化，实现资源的盘活再生。

❖ **构建网络，加强社会监督**

加强与社会、家庭的联系，形成三位一体的教育网络。一是建立幼儿园、班级两级家园委员会，定期召开联系会，保障幼儿园权力依法规范行使和有效监督。二是建立园长定期接待家长来信来访制度，公开园长办公电话和上级主管部门举报电话，形成自由平等、公正法治的育人环境和浓厚的法治文化氛围，推动幼儿园发展。三是坚持定期向家长、教师发放书面调查问卷，健全依法治校评价机制。四是主动加强与社区的联系，引导社区和有关专业人士参与幼儿园管理和监督。

刚性与柔性并济，把握高效发展的关键点

学前教育是整个教育过程的起步阶段，是全面提升人才素质的关键一环，教育的质量关系整个学前教育的发展。要提升幼儿园的整体教学质量，促进园所高效发展，合理的管理占据重要地位。管理的思想、决策、发展方向等，对幼儿园的整体发展有重要影响。因此，幼儿园管理既是一门学问，需要讲求方式方法，又是一门艺术，辩证而又微妙，需要刚柔并济、宽严有度，以此来保障幼儿园各项工作的有序开展。

❖ "刚"为主体，严于管理成方圆

"不以规矩，不能成方圆"。规矩是人类制定的信条，与我们的生活息息相关。对于幼儿园的管理而言，亦是如此，需要一些刚性的原则和条例来进行约束，离开了"刚"，没有必要措施和手段，则管理就会失去力量。因此，幼儿园在日常管理中，注重建立健全严格的管理制度和规范，给教职工和教育教学过程以约束，让教职工在做人做事和教育教学过程中有规可循，能够时时刻刻自觉自愿地接受制度和规则的约束。在坚持贯彻执行国家及各级部门制定的法律法规的基础之上，结合本园实际情况，根据园所特色，成立保教组，并制定《保教工作管理制度》等科学合理的规章制度，并做到严格执行，迅速决断，切实保障制度效力得以最终落实。

❖ "柔"为宗旨，宽以待人促和谐

每个人都有情感、意志等方面的影响和需求。因此，有了刚性的制约为依托，还要以一系列柔性的方法贯穿于管理工作的始终，将园所打造成一片和谐

融洽的天地。幼儿园管理始终坚持尊重、平等、合作的原则，与教职工真诚沟通、宽容相待，尊重和信任每一个人的努力和劳动成果，灵活面对教职工的个体差异，灵活处理教职工在工作、生活中的困难和矛盾，因势利导，积极引导教职工工作和成长的主动性，逐步形成自我管理意识，提升管理和教育的实际效果。

聚焦实效，成果丰硕

❖ 实现了"1=4"的最大化管理效益

资源共享是美善管理的重要表现。"一长两园四址"最大的优势就是在相对小的范围内构建起合作共融的基石，使得原本封闭的独立个体间实现人力、物力、课程资源的融合共享，在此过程中集中有限的资源，实现效益最大化，形成了1=4的效应（即：一家优质资源，四家幼儿园用；一份资金投入，四家智力共享）。

❖ 实现了优质普惠的品牌化教育效益

在学前教育三年行动计划中，一期鼓楼园开办，新增学位235个；二期环境改建，新增学位100个；三期春秀路园开办，新增学位300个。同时，幼儿园形成了"园所精神一脉相承，园所特色各美其美"的办园格局，极大地提升了教育品质，促进了园所的品牌化发展。

❖ 实现了辐射度广的共生化社会效益

在幼儿园不懈的努力下，新中街幼儿园共有来自中国和世界的1300多名幼儿、256余名教职工，其中有31名市区级骨干、学科带头人。两园四址的教育资源不断扩大，逐步形成了多元共生的新形态，社会认可度不断攀升，社会效益不断扩大。

第五节　立旗帜，筑牢红色堡垒

幼儿园教育作为国民教育体系的重要组成部分，对学前教育事业的发展具有重要的促进作用。幼儿园的党建工作是幼儿园工作中的重要内容，做好新形势下幼儿园的党建工作，需要加强幼儿园基层党组织的思想建设、理论建设和组织建设，将党组织在幼儿园中的积极作用加以充分发挥。这样才能促使党建工作迈上新的台阶，保证幼儿园工作的稳定性与连续性，实现幼儿园的可持续发展。

新中街幼儿园联合党支部成立于2011年，李丽华同志为园长兼党支部书记，支部现有党员36名，本科及以上党员占比75%，35岁以下党员占比47%，市区级骨干党员占比47%，是一支专业化、高素质、充满活力的党员队伍。

一个党员就是一面旗帜，一个组织就是一个战斗堡垒。在幼儿园的发展过程中，幼儿园充分调动和发挥党员的示范引领作用，始终坚持党的教育方针政策，特别是近年来，深入贯彻全教会和北京教育大会精神，以学习习近平总书记系列重要讲话精神为指导，在争做"四有好老师和四个引路人"思想的引导下，夯实党建基础，"不忘初心，砥砺前行"，不断推进党建工作规范化、精细化管理，不断提升党建工作的质量和水平。让党建工作促进幼儿园办园实践的全面发展。

情铸和美，创建党建品牌

"党建品牌"是各级党组织在进行党建工作过程中形成的被各级党组织、广大党员和群众所接受、所认可的品牌形象，是党建工作外在表现和内涵价值的形象化体现。党建品牌建设作为新时期、新形势下推动国有企业基层党建工作发展的一种新的实践途径，归根到底就是"用品牌承诺服务群众、用品牌标准约束自我、用品牌形象接受监督、用品牌效果提升效应"。让基层党组织在党建品牌建设的助力下，不断增强创造力、凝聚力、战斗力；让基层党员队伍在党建品牌建设的推动下，不断提高先锋模范作用以及服务群众效能。所以，党建品牌建设既是基层党建工作的立足点和落脚点，也是党员履行义务、服务职工群众的平台和载体，更是与时俱进创新基层党建工作的新机制。

❖ **立足实践，明确和美党建特色**

正如习近平总书记所说，"中国'和'文化源远流长，蕴涵着天人合一的宇宙观、协和万邦的国际观、和而不同的社会观、人心和善的道德观"。"和"是和谐、和平、祥和。"和"文化是中华传统文化的精髓，是新时代弘扬的价值取向。"美"是一种饱满而向上的精神境界，对生命、生活中的美的永恒追求与向往。新中街幼儿园在"美善文化"的引领下，秉承"以美启迪心智，为幼儿一生优质生活奠基"的办园宗旨，促进每一个生命美的发展。

党的十九大报告指出，党的基层组织是确保党的路线、方针、政策和决策部署贯彻落实的基础。为让十九大精神深入人心，从中汲取前进的力量，在学懂、弄通、做实上下功夫，联合党支部围绕十九大报告中提出的"社会主义现代化强国的目标就是富强、民主、文明、和谐、美丽"的新思想，结合"美善文化"，提出创建"和美党建"的基本框架，坚持党建统领，倡导以"和"立园，和而不同、知行合一、和谐发展，以"美"育人、育心、育德、育行，切实推进联合党支部工作向纵深方向发展，最终实现"和谐发展、美美与共"的发展目标。

❖ **多元融合，助力和美党建建设**

联合党支部坚持以党建引领文化推动发展，始终以"锻造坚强有力的战斗堡垒"为整体目标，坚持在党建引领下，以"和美"为核心，"三个坚持"为途径，推动党建在政治建设、思想建设和组织建设等方面与幼儿园发展实现"融合"，实现优势的"三个转化"，为幼儿园的持续发展注入"红色动力源"。

1.坚持理念融合，推动政治优势转化为发展动力

"和美"党建倡导"和而不同"，指的是尊重差异，包容个性。联合党支部通过"三明确"，以思想、组织和目标的引领，深入和推进幼儿园党建工作，充分发挥党组织的引领作用、支部的战斗堡垒作用和党员的先锋模范作用。

明确党建工作的主要任务。以习近平新时代中国特色社会主义思想为统领，

全面贯彻党的教育方针，坚持立德树人，以党建为引领，保证党组织发挥政治保障和监督作用，促进幼儿园全面协调可持续发展，将培育和践行社会主义核心价值观落在实处。

明确党建工作的主要内容。夯实幼儿园党建基础，健全党建工作长效机制；加强对工会、共青团等群团组织的领导，切实强化思想政治工作；发挥教代会的民主监督作用，全面推动园务公开、党务公开和政务公开，使各项工作更加民主化、公开化、科学化，形成党、政、工、团齐抓共管的格局。

明确党建工作的载体。将党员的政治提升与业务提高相结合，建立党建工作和教育教学具有内在联系的运行机制，做到"一个党员一面旗"，发挥先锋模范、示范引领作用，让党员工作"活"起来；以"三会一课"为主要形式，结合"不忘初心、牢记使命"主题教育，创新教育内容和形式，开展重温入党誓词、过政治生日等主题党日活动，让党员活动"新"起来；以加强师德师风和幼儿思想道德建设为突破口，加强党建工作的针对性、实用性，让党员活动"实"起来，从而增强党组织的凝聚力、号召力和战斗力。

2. 坚持思想融合，推动思想优势转化为创新优势

"和美"党建倡导"知行合一"的实践精神，联合党支部牢牢把握这条主线，紧抓思想建设，结合"两学一做"学习教育常态化、制度化，通过思想上的引领、业务上的学习、党性上的锻炼，推动党建工作深入实施。

示范引领学：开展了"党课大家上、讲话一起学"活动，组织党员"人人上讲台、人人当教员"，把"一人讲"变成"大家讲"，把"小讲台"变成"大讲堂"，让理论宣讲焕发生命力。

创新机制学：建立"四学四有四课堂"的学习机制。在实践的基础上，总结完善个人自学、干部领学、小组研学、媒体辅学；有计划、有笔记、有心得、有考评；开设理论课堂、实地课堂、实践课堂、网络课堂的"四学四有四课堂"学习机制，准确理解主要内容和具体要求，做到学习内化于心、外化于行。

突出重点学：开展政治理论培训和党性锻炼。结合"两学一做"学习教育、"不忘初心，牢记使命"主题教育，突出政治理论培训，通过"三会一课"、特色主题党日、"书记讲党课"等形式，做到理论教育全覆盖。同时还采取"请进来"和"走出去"的办法，进一步提高素质、锤炼党性，打造一支能打硬仗的党员队伍。

3.坚持团队融合，推动组织优势转化为党建活力

"和美"党建倡导"和谐发展"的人本精神。联合党支部历来十分重视提高党员干部和教师的整体素质，并以"1234"为目标，即一个作用（先锋模范作用）、两个坚持（吃苦在前，奉献在前）、三个服务（为幼儿服务，为幼儿园服务，为社会服务）和四个要求（提高党员形象，提高人文素养，提高专业内涵，提高工作业绩），开展走进红色基地、党员专题培训、党员公益服务、重温入党誓词、寻找身边榜样、书香阅读等活动，净化教师心灵，升华教育情怀，打造一支有战斗力、行动力、带动力的队伍。

强化师德，凝聚榜样力量——美在支部有战斗力：坚持落实习总书记强调的"立德树人"根本任务，提升教师师德师风建设，发扬优秀典型。围绕"明规范、树楷模、铸师魂"开展系列师德活动（如：身边的党员榜样、《十项准则》的培训、法律知识培训、书记讲党课等），引导广大教师争做"四有"好老师、"四有"引路人。例如党支部的"党员先锋行"志愿服务——本着"一名党员一面旗帜"的宗旨，开展党员志愿服务，为山区孩子募捐、定期走访困难党员和困难居民、轮流在园门口站岗、自愿看管晚接的孩子等，让群众感受到党员的先进性。

多措并举，淬炼干部能力——美在队伍有行动力：为政之要，贵在执行落实。党组织的行动力，是党成就事业的关键，也是教育事业行动支撑。中层干部是幼儿园的关键群体，需要有关键作为。联合党支部建立了"双培养"干部人才库，注重把教学科研骨干发展成党员，把热爱党务、教学科研能力突出的干部教师选配为支部副书记或支部委员，确保"后备有人"。同时以中心组学习制度为统领，通过党支部每周定期政治理论学习、每半月"干部微论坛"、每月支部组织生活、每半年专题读书班，以及订阅导学读本、主题党日活动、专题党课辅导、情景模拟教学、党员主题宣讲等形式，确保"双培养"的干部教师在党务上有能力、业务上有建树。

成立"导师团"，夯实执教能力——美在示范有带动力：在优秀引领下提升教师站位，培养政治素养高、专业水平高、理想信念坚定的教师团队。为实现团队共进，成立"导师团队"，每位教师拥有四位导师（一位党员做信仰导师、一位大学教授做理论导师、一位校外专家做学科导师、一位骨干教师做实践导师），增强"四个意识"，坚定"四个自信"，做到"两个维护"。

❖ **凝心共筑，打造和美党建品牌**

新中街幼儿园将以"和美"党建品牌为载体，不断巩固主题教育成果，努力把品牌创建与主题实践、中心工作、发展规划紧密结合，全力打造党建特色品牌，坚持"四度"引领幼儿园发展。

1. 核心引领，让党建品牌有高度

联合党支部切实加强党建工作，管思想、管队伍、管作风，充分发挥党组织的政治核心作用，引领办园方向，引领教育发展，让党建工作更有高度。即：抓党风，从严治党聚力；带园风，风清气正铸魂；正教风，学高身正引路；促学风，阳光发展育人。

2. 深化内涵，让党建品牌有力度

发挥党建工作的统领作用，着力挖掘党建工作内涵，使纪律严明、制度清晰，使党建工作与幼儿园各项工作融为一体，让党建工作更加标准化、制度化、规范化，更具高度。

3. 深度融合，让党建品牌有深度

切实加强党建工作建设，在实践中不断总结创新做法与形式，将支部建设深入到年级组，通过"社区早教"等活动确保党的路线、方针、政策在一线贯彻执行，创造良好的育人环境，使幼儿园党建工作做出深度、广度，正确指引办学。

4. 多彩活动，让党建品牌有温度

幼儿园在党建工作上力求实效，凸显特色，将党、团、群建设有机整合，通过全阵营行动，开展丰富多彩的教育活动，搭建多平台展现师幼风采，增强获得感、幸福感，让党建工作充满温度。

幼儿园希望通过和美党建品牌的建设，更好地促进研究党建在幼儿园办园中推动改革、促进发展、激励成长的作用。同时带动区域内党建工作的建设，以创建带动党建，以党建促进园建，探索在党组织的引领带动下，推动幼儿园改革发展，探索新思路，以永不懈怠的精神状态和一往无前的奋斗姿态发挥示范引领作用。

多措并举，党建引领发展

党的影响力和号召力必然体现在广大基层党员对于党的路线、方针、政策学习的积极性；广大基层党员对于党的指示、决议的执行度；广大基层党员为民服务的自觉性。增强这种积极性、执行度、自觉性，一方面需要加强对党员的教育，另一方面需要通过更加有效的管理手段来促进党建工作开展。

❖ 正己立德，做强化政治建设的引领者

习总书记指出："要把党的政治建设摆在首位，以党的政治建设为统领。"幼儿园紧紧抓好政治建设这个党的根本性建设，从小处着眼、微处着手，积极探索"党建+"新模式，以"三微一体"的工作方式，提升党员思想政治水平和政治能力。

1. 创新"微党课"，赢得大舞台

创新"微型党课""微宣讲"等形式，让教师们展现独特的自己，凝集榜样的力量，点亮教育的大舞台。

2. 夯实"微阵地"，展现大形象

通过打造窗口党建，建设"微阵地"，推动理论中心组"月学习"制度化、规范化，增强班子队伍的示范带动效应；创建"党建工作"微信群，党员学习平台每周推送党建动态、政策法规、理论学习等信息，形成党建工作常态化；积极发挥"党员E先锋"的宣传阵地作用，组织开展在职党员回社区集中报到活动，将党的先锋模范作用辐射进社区。

3. 实施"微行动"，引领大作为

本着"一个党员一面旗"的服务宗旨，幼儿园通过开展各类"微行动"，如：为山区孩子募捐、定期走访困难党员和困难居民、轮流在园门口站岗、自愿看管晚接的孩子等活动，让群众感受到党员的先进性。

❖ 固本培元，做夯实思想建设的先行者

党的思想建设是统一思想、凝聚力量、坚持正确政治方向的重要保证。园长本着"思想先行，改革攻坚"的理念，向书本学习、向实践学习、向群众学习，努力做思想建设的先行者。以筑牢理想信念、解放思想为着力点，引领教

师用党的最新理论成果武装头脑，固本培元；用创新的思想观念谋划工作，紧紧抓住发展不放松，推动全面从严治党向纵深发展。

1.丰厚理论，涵养政治修为

讲政治是领导干部的立身之本，成事之基。全体党员干部一起全面学习世界的变化、国家的需要、社会的发展、教育的改革等方面的内容，增强理论认知。如：每月学习习近平思想理论、召开"学习贯彻全国、北京市教育大会精神"专题研讨会，提高干部、教师理论水平与教育观念，努力成为时代先锋和教育的引领者。

2.学用结合，做到知行合一

习总书记强调：理想信念是共产党人的精神之"钙"。坚定信念不仅仅停留在思想上，更应落实在行动中。为此，幼儿园坚持学用结合，在教育中更多地去实践，做到学而信、学而用、学而行：召开民主生活会和组织生活会，开展批评和自我批评，分享理想信念，做到律己、守则，保持党的先进性；丰富党建活动内容，通过收看《榜样3》，参观官德教育基地——文天祥祠、"改革开放40周年大型展览""东城区改革开放40年图片展""重习经典——干部领读精句"等活动，去发现身边的党员榜样，了解党史，引领教师筑牢"四个意识"，坚定"四个自信"。

3.勤于反思，实现自我成长

反思是创新型人才的核心素养，也是党员干部必备的"精神武器"。因此幼儿园建立了学习研讨与行动研究相依托的"复盘"机制，培养教师形成勤于反思的习惯。如：行政联席教研、课堂实录研讨、教育故事分享等，给予教师自我反思、自我建构和创造生成的时间和空间。尝试用"复盘"提炼工作优势，寻找解决问题的方法，在不断探索中自我修正、自我发展。

❖ 守土有责，做推进党风廉政建设的带动者

习总书记曾强调："党风廉政建设和反腐败斗争永远在路上。"从严治党、从廉治党，人人有责。幼儿园牢固树立"抓好廉政建设是本职"的思想，以高标准、严要求强化自身建设，以"三措并举"切实增强"两个责任"的落实，带动教师知敬畏、促廉洁，做到守土有责。

1.学习"养"廉，防微杜渐

构筑问题导学、小组促学、微课助学、讨论释学、评价测学"五位一体"

的学习模式，坚持落实"两学一做""三会一课"等基本制度，提高干部、教师的廉洁自律意识，明底线、知风险，做到居安思危：组织教职工观看《永远在路上》《打铁必须自身硬》等警示教育片，引导教师吸取教训，增强免疫力、筑牢"防腐墙"；在重要节日前向全体教职工发送贴近生活的廉政短信，打好预防针，敲响"警示钟"；在招生阶段，带头召开工作部署会，成立廉政小组，规范操作，营造风清气正的招生环境。

2. 制度"引"廉，规范提升

制度是保障，也是规范行为的有效措施。

幼儿园坚持将党风廉政建设工作与业务工作同部署、同落实，制定《廉政风险防控制度》，层层签订《一岗双责主体责任书和监督责任书》；认真落实"三重一大"决策制度要求，结合自身实际，修订《"三重一大"实施细则》，针对决策事项清单及报批工作程序进行了细化和完善，做到"四个到位"，即思想认识到位、责任明确到位、工作落实到位、问责追究到位；坚持"廉政谈话"，定期与中层干部、重点岗位人员谈话，防患于未然，切实将廉政意识内化于心、外化于行。

3. 监督"保"廉，落实到位

牢固树立监督意识，促使全园教职工自觉置于群众的监督之下，严守公正的防线，筑牢廉洁防火墙。

❖ **行稳致远，做加强组织建设的助力者**

组织建设是党建中的关键一环，基层组织是党执政的基础。习总书记曾强调"育才造士，为国之本"，人才是发展的第一要务。因此，幼儿园着眼于队伍建设，以"雁行管理"为导向，通过沁入心灵的细节落实，以"大党建"凝聚团队文化与教育共识，用"匠心"锻造教育品质，用"匠艺"陪伴儿童成长，实现团队共进。

- "要有足够的人去飞行"——壮大队伍
- "要自发自动飞行"——激励发展意愿
- "要大家一起飞行"——强化团队意识
- "要大家比着飞行"——营造良性竞争
- "要大家努力飞行"——提高团队活力

1. 培新苗教师，夯实基础

新职教师是后备团队。为保证优质人才的延续性，幼儿园从"新"开始，夯实基本功。

党群结对：积极开展"暖心"的党群结对工作，安排党员教师带领新职教师，在日常陪伴中一对一地进行指导，做思想上、专业上的传授。

职业规划：通过职业发展研讨会，把握每个新教师的兴趣特长和专业需求，制定个性化的职业发展规划和具有针对性的培训课程，让每个新教师都能找到自己的发展方向和途径。

成长沙龙：党支部和团支部带头成立新教师成长沙龙，围绕政策、教育、生活等话题进行研讨，让新教师更新观念、筑牢对党的认识，增强对教育的责任感、使命感和荣誉感。

2. 塑教育匠人，精深专业

骨干教师是教育队伍中的关键群体。幼儿园通过联合教研、轮值管理、高端培训、外出交流等方式，将他们塑造成为信念坚定、厚德精业的"匠人团队"，成为引领教育提升和教师发展的中坚力量。

深入开展"党员教师双培养"工作，将业务骨干培养成党员，把党员培养成业务骨干。通过行政联席会、理论中心组的学习，全面系统地加深党员骨干教师对党的认识，提高党性修养；搭建党员骨干教师与专家学者对话交流的平台，如：雏鹰起航计划、卓越教师工作室、steam课程研究小组等，使骨干教师德艺双收；党员骨干教师牵头，开展"一课三研"教研活动。此外，在原有课题基础上，申报了两项新的课题研究，即："民间游戏中发展幼儿投掷能力的实践研究""幼儿园实施美育的方法和途径的研究"，进一步提升骨干教师的引领示范能力。

3. 育特色人才，绽放个性"闪光点"

秉承"多元选才、个性发展"的队伍建设理念，幼儿园充分发挥教师特有的优势，让每个人都有机会学习、有愿望成长、有信心发展，成为园所的主人。

因岗施教，提升业务能力。干部培养是团队建设的重中之重，幼儿园围绕"三个全面"，即全面提升政治水平、全面提升服务质量、全面提升专业能力，依据个人特色，为干部、教师量身定制培养计划和发展目标，把特长变成特色，让他们各显其能、各善其才。

因材施教，培育教师特长。为发挥各园址教师的专业特长，幼儿园成立不同的项目学习工作室，如绘本研究、幼儿自主性游戏研究、青年教师成长工作室等，党员干部和积极分子担任工作室的负责人和带头人，带动教师研磨专业，让个人特色最大化地发挥。

因特施教，发挥教育特色。为实现男女教师优势互补，促进幼儿全面发展，幼儿园进一步深化男教师培养体系，在原有培训的基础上，通过专家对话、高端论坛、实践历练等方式打造了一支17人的一线男教师队伍和14人的五星级厨师团队。在2018年，男教师外出培训33人次，参与国家级、市区级教学活动观摩评比26人次，5名男教师获得区级骨干教师及新锐教师称号，6名男大厨在儿童膳食厨艺大赛中获奖，1名男教师获得北京市师德先锋称号。

❖ **和谐共生，做创新课程建设的推进者**

党建工作的推进与创新最终都要落实到立德树人的根本任务上，以课程建设为着力点，牢牢把握教育的正确方向，拓展幼儿成长的主场，促进幼儿全面发展。

1. 丰盈课程体系，促进全面发展

围绕"培养什么人，为谁培养人与怎样培养人"这一根本问题，牢牢把握"为新时代中国特色社会主义培养接班人"的育人方向，在进一步深化五大领域核心课程和特色园本课程内涵的基础上，以课程建构推动幼儿全面发展。

2. 深化家园一体，凝聚教育合力

"与每一位家长同程共进"是教师们一直秉承的教育理念。幼儿园通过开展交通安全、消防安全、饮食安全、中医家长课堂等系列家园共育活动，将党和国家的教育政策与理念辐射到每一个家庭，引领家长树立正确的教育观，不断深化家园共育的实效性。

3. 整合社会资源，拓展成长空间

开放办园是顺应新时期国家教育改革，提高教育质量的需要。多年来，幼儿园坚持打开园门办教育，以"大教育"视角，打破有形的小场地，将孩子的实践活动建到家庭、建到社区，走进大自然，让孩子在广袤空间中健康成长。

幼儿园党员队伍始终以强化创新理论武装，树牢"四个意识"，坚定"四个自信"，坚决做到"两个维护"，勇于担当作为，以求真务实作风坚决贯彻党的教育方针、政策，不忘初心，牢记使命，立德树人，美善同行！

第三章

培趣寓美，润心尚善

小小的院落盛满了每一个教师的大教育情怀；小小的场地铸就着每一个幼儿的健康成长天地……

　　《幼儿园教育指导纲要（试行）》中明确指出："环境是重要的教育资源，应通过环境的创设和利用，有效地促进幼儿的发展。"幼儿在一日生活中，时刻在与周围的环境发生互动。创设适合幼儿身心健康的园所环境，是幼儿园教育的一项重要任务，对幼儿的成长和发展具有重要意义。

　　"一个好的幼儿园环境就是一本立体的、多彩的、富有吸引力的无声童话教科书"，能够在无形中吸引孩子，对幼儿建构式学习产生积极的影响，对促进孩子观察、认识、记忆、思维、想象、创造等能力的发展起到潜移默化的作用。爬虫、落叶、小石子……这些生活中不起眼的事物，在孩子眼里都有独特的美。

　　在美善环境创设中，园所遵循童趣性、教育性、参与性、适宜性、艺术性原则，将现代与传统艺术元素有机融合，创设"依小建精、依精见巧"的教育环境。努力追随幼儿视角，以儿童积极有效互动学习为本构建环境，营造出温馨、浪漫、童话般的幼儿世界，引导他们在与环境的接触中获得多元经验，从小润养幼儿善的心灵，培养孩子健康的审美情趣，也让每一个走进这里的幼儿与成人都爱上这里。

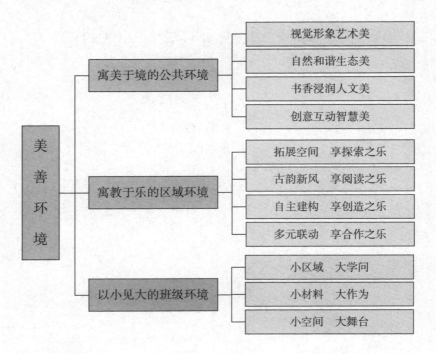

第一节　寓美于境的公共环境

环境对幼儿有潜移默化的影响。"一个好的幼儿园环境是一道美丽风景线，是架起展现幼儿情感与体验的稚拙的美的桥梁"。幼儿的世界应该是美丽的，在幼儿园，幼儿的眼睛所触及的每一处风景、每一个角落都应该是美的。因此，幼儿园注重创设寓美于境的公共环境，引领幼儿欣赏美、感受美，进而创造美。让幼儿在色彩生动的形象中感受艺术的魅力；在纯净的大自然里感知生命的韵律；在人文书香的浸润熏陶下汲取传统文化精髓；在积极的互动体验中点燃智慧的火花。让美的种子在幼儿心灵扎根，促进幼儿向善向美，健康发展。

视觉形象艺术美

"美善文化"在创设环境的过程中，倡导要贴近幼儿心灵，扎根幼儿的内心，以幼儿的视角创设适合幼儿年龄特点的园所环境，并赋予其一定的美育内涵，引导他们在与环境的接触中获得多元经验。

新中街幼儿园毗邻艺美小学、中央工艺美院附中，凭借这一有利的地理位置，幼儿园发挥园所周边环境资源及教师资源优势，打造艺术气息浓郁、小巧精致、时尚现代的儿童乐园，努力让幼儿拓宽视野，了解不同文化中蕴含的美；在发现中，感受身边艺术的奇妙；在欣赏中，提升审美情趣，提高表现美的能力。

根据中、大班幼儿思维发展的需要，教师们创设了富于变化的翻转画、隐藏画、颠倒画，引导幼儿进行细致观察、多视角观察。"老师，我看到树上藏着好多好多人！""老师，你看！有好多白颜色的杯子。啊！在每个白色杯子中间都有一个黑颜色的瓶子呢！""这幅画正看是个小姑娘，倒过来看就变成老奶奶了，真有意思！"幼儿在美术作品中感受到了艺术的神奇和有趣，使幼儿对美术游戏和艺术创作活动更加感兴趣，叠变的表达方式就这样渗入孩子的自主体验之中。为了让孩子们应接不暇的发现成为宝贵的教育资源，每班都开设了"我发现的美"欣赏角，支持幼儿将日常生活中、艺术作品中蕴含的各种美的事物和现象共同品味、与人分享。

自然和谐生态美

最美美不过自然，一切生命的脉动都孕育着无穷的美感。优美的自然环境具有陶冶心灵、熏陶行为、启发美好想象的作用。创设真实、自然的环境是引导幼儿品味生活之美的开始。不同的自然物和自然现象通过人的感官为大脑所感知，从而产生各种不同的情感，形成不同的情绪和感受，进而影响人的行为。幼儿园以精巧、创意、美好的自然环境，引领幼儿发现生态之美。

❖ 亲近自然

作为幼儿的支持者和引导者，要善于和幼儿一起发现美、感受美，充分利用大自然这位老师，对幼儿进行启迪和引导。例如，不经意间发现幼儿园院子里的蚂蚁正在搬家；晨练时发现自己的影子又瘦又长；感受微风拂面的清爽、绿草地上晒太阳的舒适、追逐柳絮的开心、发现燕子巢穴的兴奋，并引导幼儿在这样轻松、美好的氛围中交流自己的感受，选择自己喜欢的事物进行写生。

与此同时，幼儿园利用自己有限的环境，充分挖掘空间，从平面到立体进行自然环境的创造。如具有传统庭院风格的绿植流水、水车鱼池、竹林小亭，让幼儿感受到植物、动物之间的生态循环关系，以及水车转动与水流动的物理现象，让幼儿每天的生活充满温馨恬静，充满美与善，使幼儿成长为一个会发现生活、感受生活、有自己独立思想的人。

❖ 探索四季

"春，花香鸟语飘满村。细听来，句句是乡音。

夏，村前村后一幅画。午饭后，纳凉大树下。

秋，有朋来自五大洲。东海岸，相约看海鸥。

冬，佳节已在喜庆中。大街上，传来爆竹声。"

一年四季，风景变幻无穷，时时刻刻都充满美好和奥妙。因此，幼儿园将适宜不同季节生长的植物种在幼儿园中，让幼儿通过植物的变化，充分感受季节的特点。

春日里，玉兰花朵朵优雅绽放，散发着阵阵幽香，为幼儿们带来春天的讯息；爬山虎在夏天为幼儿们织出了一片遮阳棚；葡萄、大枣、柿子在秋天成熟，幼儿们在共同采摘和品尝这些果实的过程中知道了哪个季节是丰收的季节；梧桐树的叶子飘落、树枝上挂满了雪花，告诉幼儿们冬天来了……幼儿们在大自然的变化中感受到了季节之美。

此外，幼儿园利用班级环境创作了"窗台艺术"。通过"窗台艺术"，教师和幼儿可以更加近距离地观察丰富多彩的动植物。如在"小小园艺设计师"活动中，幼儿们可以把沙盘中的装饰物和微型植物按照自己的设计来调换位置，每次设计他们都有自己不同的审美体现，有的幼儿还创编出有趣的故事，这些活动让那些具有生命力的植物与幼儿们产生亲密互动，发展了幼儿的审美能力。又如，在"小小生物实验室"活动中，不同年龄、不同班级的教师会按照班级幼儿的年龄特点、认知水平、兴趣点来收集不同的植物，让幼儿观察花朵的颜色、形态，发现叶子上的花纹，了解不同的种植方法，认识水、阳光与植物的关系，进行种植比赛。这些活动不但培养了幼儿们细致观察生活的能力，也让幼儿们逐渐养成了严谨认真、尊重生命、崇尚科学的优良品质。

❖ **感悟形态**

各种事物都具有它特殊的形态，这种形态会给人留下深刻的印象，也会促使人展开想象，尤其是对好奇心很强的幼儿。在他们童真的眼中，大自然充满了奥妙，树叶、树枝、石头、果壳等都是宝贝，他们在玩耍和摆弄这些事物时会无意识地进行细致观察，并发现其中的美。幼儿园根据幼儿的成长特点，在环境中投入适宜的低结构材料，幼儿们通过摸摸、捏捏、拆拆、挂挂，感知不同材质的厚薄、软硬，发现数量的多少、形状的大小，比较出不同物体的位置与变化，创造出不同的姿态和动作，在有趣的互动中，引领幼儿感悟大自然的魅力，发现自然中的美好。

如在玩大小、形状、颜色不同的石头时，幼儿们会发现上面形成的天然花纹。在拼拼摆摆石头的过程中，他们会尝试运用石头原有的外形特征进行创作；在玩树叶时他们会闻到叶子的清香、看到叶子漂亮的叶脉、发现叶子不同的形状；在玩小树枝时他们会把树枝想象成一棵大树、动物的犄角或人的四肢等，能够产生积极的互动。

书香浸润人文美

环境中的文化元素对涵养幼儿情趣有不可替代的作用。"美善文化"在创设环境的过程中，充分发挥园所的地区优势和环境优势、积极挖掘教育资源，寓传统文化审美情趣于园所环境中，融合书法、水墨画、雕栏画栋等美的元素，让幼儿能够在人文书香的浸润熏陶下，汲取传统文化精髓，启蒙幼儿的审美情趣。

❖ 因地制宜，扎根传统文化

走进幼儿园，古今相容的环境里，孩子每天耳濡目染，感受传统经典带来的文化滋养。

东棉花幼儿园以营造体现胡同文化及老北京建筑特点的育人环境为核心，装备现代化的教育设施，使胡同里的孩子享有优质教育。在环境建设中，幼儿园提出合理利用空间，营造温馨、舒适的育人环境；精心规划办公区域，创设整洁、便利的办公环境；打造具有老北京特色，体现胡同文化园所环境的环创改造思路。整合现有环境资源，幼儿园改造创建了具有老北京特色的园外宣传栏、具有典型北京特色——屋檐结构的园内橱窗、古色古香又具时尚感的多功能教室、融入民俗元素的幼儿园会议室。针对园所场地小的现实情况，幼儿园充分利用场地的每一个角落，创造性地利用环境，向空间立体发展，如在教室中搭建小跃层复式结构扩充幼儿活动场地，利用台阶坡面，开展走、跑、跳的游戏，利用活动室外墙创建攀岩区，锻炼孩子的腿部力量，培养孩子的勇敢精神，同时为幼儿提供安全、舒适的睡眠环境。

不仅如此，幼儿园还积极探索环境与中国风的巧妙融合。在小小的户外活动空间里，既要保证幼儿的玩具摆放整齐，同时还要注意与整体环境相得益彰。教师们设计了融入十二生肖剪纸图案的户外储物围栏，这个围栏不但解决了物品乱摆的问题，围栏上的中国传统的剪纸也为红灰相间的四合院增添了更加浓郁的传统气息，让幼儿在这样的环境中自然而然地学到与十二生肖相关的知识。

❖ **交流分享，打开世界之窗**

在幼儿园里，有来自不同国家的幼儿，他们在不同语言、不同文化的环境中成长。为了让外国的小朋友感受到自己国家的文化，同时也拓展中国小朋友的视野，幼儿园为各国幼儿们创设了一个交流分享的空间——"世界之窗"展示格。幼儿们在小格子里展示自己国家的国旗、风景、代表动物、代表植物及具有浓郁民族特色的工艺品，各国多彩的民俗文化以一种全新的视觉呈现在幼儿面前，极大地激发了幼儿的兴趣，促进了幼儿之间的交流和互动，让幼儿进一步感受多元文化的魅力，享受人际交往的乐趣。

创意互动智慧美

环境是幼儿探索与学习的容器。现代教育已将环境的创设和布置上升到与日常教学活动平等的地位，成为课程设计与实施的重要因素。在幼儿园的教育活动中，环境作为一种"隐性课程"，在开发幼儿智力、促进幼儿个性发展方面越来越引起教师的重视。

幼儿有很强的感受力，富于变化的互动性的环境，可以调动幼儿学习探索的兴趣，激发幼儿表达、表现的欲望，让幼儿在自主参与、直观感知中，丰富情感体验，发展创新思维与能力。幼儿园依据幼儿的心理特点，创设具有趣味性、挑战性、丰富性的园所环境，在环境中投放吸引幼儿兴趣的材料，激发幼儿主动学习、主动探究的兴趣，并邀请幼儿加入环境创编当中，进一步激发幼儿兴趣，让幼儿更主动地与环境交流互动，在美善氛围中成为环境创设的主人，从而进一步激发幼儿的想象力和创造力。

一方面，幼儿园注意创意呈现。在幼儿们学习生活的环境中，处处都有精巧的创意，如用绿植组成的墙壁、能长"头发"的花瓶、变成娃娃的水果蔬菜、能够制造氧气的小喷泉等，都让幼儿们感到好奇和喜爱。生活中的这些创意开阔了幼儿的视野，启迪了幼儿的思维，让他们从小养成了自由畅想、善于创造的习惯。

另一方面，幼儿园将大部分空间留给教师与幼儿，展示幼儿的作品，既为幼儿搭建了自我展示、互相交流的舞台，又通过玩法的变化万千给幼儿带来更大的想象与创造空间，无声中滋养着幼儿的生命，启迪着幼儿的智慧。

❖ **拓展兴趣，为想象留出空白**

幼儿具有爱玩、好动、好探索的天性。为了支持幼儿探索的行为，满足幼儿对自己探究的宝贵经验的表达需求，幼儿园为幼儿提供了融欣赏、益智为一体的，随手可玩的"空白环境"——可供幼儿欣赏的幼儿作品艺术墙，借此来凸显幼儿的创造美、童真美，为幼儿个性化的表达喝彩，全方位引导幼儿进一步感受艺术美，支持幼儿在一次次表达中增强自信、拓展兴趣、提升创造力。

为了满足幼儿合作学习的愿望，师幼共同创设了引导幼儿主动表达的环境。如："盒子变画卷"——纸箱的四周用绘画纸围拢，幼儿在不同的方向创作完成后，摘下来以画卷的形式展示，不同的展示方式引发幼儿不同的感受，激发幼儿进一步的创造；"链接连环画"——小朋友将自己的情节画挂在展示区，有创作需求的小朋友继续续编创作，并用曲别针链接的方式将作品悬挂在下面，引发下一位小朋友自主创编；"屏风主题画"——通过不同的使用方法，幼儿合作绘画长长的画、高高的画、主题合作画，折页的方式更多地融合小朋友的创作想法。这些有效利用空间、有利于合作化学习的形式，激励了幼儿不断自主创新。

❖ **张扬个性，为创造搭建平台**

每个孩子都有自我表达的需求，与此同时，表达的方式也各不相同。如砂纸画《彩虹拼图》中，幼儿用不同的线条表达自己愉快的心情；印染画《颜色万花筒》中，幼儿运用色彩、构图的经验，表现对春天色彩美的感知，以及对多彩生活的感受。在创设寓美于境的环境时，幼儿园注重为幼儿留出一片自由表达的空间，引领幼儿创建自己喜爱的小天地，激发幼儿表达、表现的欲望，让幼儿进一步体验创作与合作的乐趣。为了给每位幼儿提供表现的机会，幼儿园充分利用楼道的有限空间，在二楼、三楼的墙壁上创设了不同规格的"格子展示墙"，将每个幼儿的作品放在一起进行组合式展现，扩大幼儿作品的展现空间，加强幼儿作品的艺术冲击力，尽可能多地展示幼儿的想法，同时定期更换，鼓励幼儿们用染、剪、画、捏、做等艺术形式展示自我、张扬个性，用自己独特的图符表达方式在楼道、主题墙等地方表达感受、发表意见，引导幼儿运用构图、色彩搭配等美术元素将作品呈现在环境中，力争满足每个孩子展现自我的愿望。

　　教师们一方面参与幼儿的话题，真正了解幼儿的内心，并支持幼儿用自己喜欢的方式表达对事物的深刻体验和感受；另一方面，细心观察幼儿的日常表现，及时捕捉幼儿的创作契机。当幼儿对长城格外关注时，支持他们用印染、剪纸的方式创作了"我眼中的长城"主题环境创设，用绘画的方式制作了勇于攀登长城的自画像，在展示墙进行展示。基于幼儿对"不到长城非好汉"的认识，结合幼儿冬季早锻炼参与人数少的问题，教师们利用"我眼中的长城"的环境，开展了"天天坚持早锻炼，每天前进一大步"的自评活动，规则是参加早锻炼的幼儿，可以把自己的画像从当天的起点前进到前一个烽火台。在不断靠近顶峰的激励下，坚持早锻炼的幼儿逐渐增多，由此提高了幼儿参加早锻炼的积极性、坚持性。可见，不断蕴含教育价值的环境，支持着孩子主动成长。

　　生活中随处可见、随手可得的材料是无穷的，是可以创造的，孩子的探索精神和能力是无限的、可以培养的。教师们利用楼道拐弯平台创设了"我发现的美"的多宝格，引导幼儿利用生活中的材料去创造，让孩子感受和体验环境是那么丰富，物种那么繁多，探索创造是那么有乐趣，从而激发幼儿的环保意识和行为，培养幼儿对学习和生活的真正热爱。展示墙最重要的作用是为每一个幼儿提供了展示的空间，引发幼儿进一步感受环境的互动性，对自主创作更有自信。

第二节　寓教于乐的区域环境

　　美育的根本目的在于促进人的审美发展，按照"美的规律"塑造"具有丰富的、全面而深刻的感觉的人"，并通过环境引导幼儿在游戏中探索和感知，推动个体的全面发展，进而达到个体自身以及个体与社会的和谐完美的发展。美育思想作为"美善文化"重要的理论源泉之一，要求"美善文化"必须更加关注环境育人的功能，要注重环境的教育性与游戏性的统一、环境的艺术性与游戏性的统一。区域环境指的是幼儿园区域活动空间内，影响幼儿身心发展的物质与精神要素的总和，是幼儿园整体环境的重要组成部分。在区域环境创设中，幼儿园倡导使环境具有寓教于乐的潜在作用，让幼儿在游乐中增长知识，陶冶美的情操，在与环境的互动中引起情感的共鸣，主动寻找创作契机，促进幼儿向美向善，身心和谐发展。

拓展空间　享探索之乐

幼儿园从幼儿的年龄特点、发展需要、基本活动方式出发，关注每一个角落、每一个细节，创设能引发幼儿主动感知、有利于幼儿情感表达、不断促进幼儿主动发展的环境，以培育热爱生活、富有创意、乐于表达、悦纳自我、欣赏他人的现代儿童。幼儿园提出了两个基本点，一是"目标分区，多元发展"，二是"三维空间，巧妙创意"。

❖ 目标分区，多元发展

幼儿园在公共环境中分楼层创设了不同风格的美育环境，如一楼是以突出童趣、童真为主题的儿童作品及以卡通动画内容为主的欣赏互动内容；二楼是以突出浓郁民族风格的青花瓷、剪纸为主要表现形式的欣赏内容；三楼则是以突出现代写实风格，突出幼儿自主创作的互动空间。为了给孩子们提供更多表达表现的机会，幼儿园以幼儿的动作发展和认知发展为依据，借助运动器械，将场地划分为走跑、跳跃、投掷、钻爬等区域，创设开放、自主、多元的环境，通过多层次、多变化、多挑战的活动材料，让幼儿自由选择、自主成长。

【经典案例】

春秀路分园地处春秀小区内，根据地域文化的特点，在建筑风格上和小区的现代化建筑一致，为周边的孩子营造一个既贴近家、又富有童趣的环境。幼儿园结合园所实际，充分利用有限空间，投放丰富的玩具材料，为幼儿打造个性化、层次化的游戏天地。

1. 欣赏感知区

一层走廊凸显了幼儿园的美善文化，内容和制作方式体现艺术特色，让走廊环境成为欣赏美、表达美的场所。孩子和家长熟悉的童话故事蕴含不同的道理。在楼梯北侧，凸显幼儿熟知的现代绘本、童话、古诗、传统文学……感知不同故事、戏剧的思想内涵，利用不同的美术手段，再现经典故事篇章。三层走廊则主要体现传统文化，以孩子熟悉的地铁线路作为背景，挖掘地铁沿线的著名建筑和文化，引导孩子了解北京，培养爱家乡的情感。同时，还开展了非遗专家进校园活动，定期开展非遗活动，使幼儿从小了解非遗文化，培养爱国情怀。

2. 互动交流区

幼儿园关注幼儿与环境之间的互动和交流，每个环境都渗透幼儿的发展目标，培养幼儿积极表达、动手操作的能力，并鼓励家长与幼儿积极参与。在门厅，我们为家长和孩子创设了休息区和交流区，帮助家长安抚孩子的情绪，摆设的图书也可以为在此等候的家长提供一些育儿指导和帮助，这些书籍可以借阅，还有的家长从家里拿来育儿书籍和其他的家长分享，这个区域成了休闲和交流沟通的场所。同时，精心设计了心情感应树，幼儿将小手放在不同的心情树上，就会互动语音，说出自己的心情，同时传到家长手机上，帮助家长及时了解孩子的情绪。变脸、切水果等体感游戏，调动了幼儿参与的积极性，丰富了幼儿的生活和体验。

此外，幼儿园对环境、玩具进行研究，力求帮助幼儿互动、探索，设计出具有童趣而又色彩协调的玩具。皮特·蒙特里安的《红黄蓝》、胡安·米罗的《童年》都是孩子能够欣赏和想象的大师作品，两个大师作品风格相似，大色块，色彩清新。让孩子在欣赏的同时，发挥孩子的想象空间，进行创作与表现。

3. 实践创造区

多彩的功能教室是幼儿实践操作、大胆创造的园地。体能室为孩子创设了体能游戏空间，每天带孩子到这里游戏，或者天气不好时，正常在这里开展体能活动。社会功能室为孩子创设了一个微缩的小社会，孩子在这里扮演角色，进行交往游戏，从小培养幼儿乐交往、会交往的能力，体验不同职业的特点。美工教室围绕以美育人的理念，鼓励幼儿善观察、敢表现，给孩子艺术创想的空间。为了培养孩子从小爱读书、会读书的习惯，幼儿园为孩子营造了书香的氛围，这里汇集了不同种类的书籍，如绘本故事、益智类书籍等供全园的孩子阅读和欣赏，孩子可以在这里随意选择喜欢的书籍，开展语言、故事表演等活动，使孩子更多地接触不同种类的图书，从小培养阅读的习惯。此外，幼儿园充分利用平台环境，给孩子创设游戏空间，满足幼儿锻炼、游戏的需要；为孩子创设种植园，进行亲子种植和养护活动，培养幼儿的观察能力和对动植物的爱心。

❖ 三维空间，巧妙创意

教师充分发挥自己的聪明才智，利用场地中的每个角落，充分挖掘每一寸空间，以小见精，打造立体化三维活动区域，让幼儿园的所有建筑、设施、环境作为一种物质文化形态，使园所的每一个角落都有教育价值。

【经典案例】

1. 角落有乾坤

幼儿园认真分析了园所的空间特点，不断尝试各种方法，最大限度地利用空中、平面、垂直的空间，通过吸附、悬挂、夹取等活动材料，丰富活动项目，做到让每一面墙会说话，让每一个角落都有教育。

墙上：设计为跳、投的活动。

墙面：定点投掷及攀爬。

地面：走、跑、钻、爬。

2. 院落无界限

幼儿园结合园所院落优势，巧妙设计了阳光棚，以中西方文化碰撞的建筑符号出现在小院中，体现出既传统又现代，既简单又多样，既严肃又活泼的氛围。

立体攀岩墙巧妙地打破了空间界限，给幼儿提供更多的活动选择；循环游戏形式，巧妙地打破了院落界限，给幼儿创造更广阔的运动空间。

古韵新风　享阅读之乐

阅读是一把开启智慧的钥匙，伴随着孩子一生的成长。在幼儿时期涵养阅读兴趣，培养良好的阅读习惯，可以为幼儿长远发展奠定基础。幼儿园凭借得天独厚的办园条件，创设兼具古典与现代的阅读环境，为幼儿打开阅读之门。

❖　**与经典对话**

幼儿园利用红柱、灰瓦、翠竹、四合院等营造古典氛围，将晦涩难懂的国学内容用儿童视角融入环境。传统纹饰、文化墙、经典成语故事围栏……园所精巧的庭院文化设计，让孩子置身于意境优美的环境，耳边倾听着古筝、扬琴等不同传统乐器演奏的乐曲，使孩子在环境熏染中感受传统文化的氛围。

【经典案例】

1. 经典阅读欣赏板

结合东棉花胡同幼儿园四合院的建筑特点，充分利用平面空间较大的优势，设计了阅读欣赏板，将古诗词、成语故事以图文并茂的形式装饰在玩具收纳栏和孩子视力所及的墙面上，孩子们在来离园、餐后散步、自由玩耍时，潜移默化地受到环境感染，了解更多的立志人物和古典故事。

2. 国学创意互动乐园

幼儿园注重在国学环境中孩子与环境的互动性，让孩子玩起来、动起来。青花瓷拼图让幼儿通过拼摆了解传统纹饰；水墨乐园让幼儿尝试不同的墨迹；甲骨创意墙让幼儿尽情表达和创作，还有成语故事讲述角、娃坐莲剪纸贴片等互动环节，激发孩子美的情感与表达。舞旌旗、赛龙舟、抬轿子等让孩子们在游戏中体味传统文化的情趣。充满童趣的环境吸引着孩子们的好奇心，他们不仅喜欢猜测上面的文字，留白的墙上画板还为幼儿留下想象的空间，让幼儿自由地创作。

❖　**感油墨清香**

读书，精彩的文字带着扣人心扉的力量，片片纸张散发着馥郁的油墨清香。培养幼儿的读书习惯，让孩子从内到外地爱上读书，就要从兴趣开始。引导幼儿用各种感官感受一本书，从好奇感开始，在童趣的情境中一步步深入，在讲一讲、演一演的过程中，学会读书，领略书中的魅力。

【经典案例】

1. 文化角

感知书香的文化角，让孩子从内到外地喜爱读书。首先，在阅读每一本书之前，教师会引导孩子们闻一闻书的味道，感受油墨的清香，让孩子对图书产生好奇感，进而再进入教师精心设计的充满童趣的阅读情境。同时，通过互动故事墙、"小小电视台"、小剧场等，让孩子们与书中的内容同步演绎，充分利用孩子的多种感官，使他们在快乐地说、演、看、听中喜爱读书，这为孩子的自主学习奠定了良好基础。

2. 阅览室

在混龄角色游戏区中增添了图书室，配备了种类丰富、有古典有现代的、适合不同年龄、适合男女童的书籍。孩子们可以自由地选取，大班的哥哥姐姐还可以为小班的弟弟妹妹讲故事，既成就了大孩子的读书自信，又满足了小孩子爱听故事的愿望，浓厚的书香氛围就这样建立起来。现在，图书室已成为孩子们最期待的地方。

自主建构　享创造之乐

创造力，是产生新思想、发现和创造新事物的能力，它是人类特有的一种综合性本领，是成功地完成某种创造性活动所必需的心理品质，也是知识、智力、能力及优良的个性品质等复杂多因素综合的优化构成。乐于探索是幼儿的天性，幼儿的小脑袋里充满着对未知世界的好奇和天马行空的想象，需要自由宽松的环境和尽情发挥的舞台。因此，幼儿园关注发展幼儿的想象力和创造力，保护幼儿的好奇心，呵护幼儿纯真的天性，从幼儿的兴趣出发，以富有趣味和自由宽松的环境创设，为幼儿自主游戏和生活提供有力支撑，以寓教于乐的美善文化在潜移默化中唤醒幼儿的创造力。

❖ 感悟童趣，生成游戏主题

游戏是幼儿的主要活动形式，而要让幼儿在游戏中自由表达和创造，达到最终的教育效果，还要从幼儿的兴趣和需求出发，生成适宜的游戏主题。因此，在环境创设中，教师一方面对幼儿的需要进行正确诊断，对游戏方式和多元环境进行积极探索。另一方面，教师通过细心观察幼儿，及时捕捉幼儿的兴趣，根据幼儿的热点话题，生成主题活动。

【经典案例】

1. 教研讨论分析

幼儿园带领教师利用解惑式教研、案例式教研、审议式教研、诊断式教研等教研方式，针对环境的创设进行学习、研讨和实践。共同分析孩子的学习特点、年龄特点，共同创设环境。幼儿园的区域活动内容，都是从孩子的需要和经验出发，在讨论中设计感兴趣的主题游戏，从而产生了摄影棚、南锣文创店、动画工作坊等区角。

2. 日常灵感捕捉

幼儿园关注在幼儿日常生活和游戏中，发现幼儿兴趣，捕捉主题创作灵感。孩子们在美工区玩色的过程中，发现不同色彩之间的融合，同时他们发现单纯的黑色与白色组合在一起时，会出现不同凡响的效果，关于黑、白两色的话题逐渐多了起来，于是教师预设了"小眼睛看世界——黑白也精彩"主题活动，让孩子运用一双发现美的眼睛，观察、了解具有黑白色彩的事物，感受黑与白这两种对比色彩的美丽，感受白天与黑夜的神奇。在活动的实施过程中，教师引导孩子拓宽视野，用多维的角度去感受"生活环境中的黑白事物""动物中的黑白世界"以及"自然界中的黑白"。探索太阳与影子的关系，感受影子游戏的快乐。学习用各种方法克服怕黑的心理障碍，勇于克服各种困难。在活动的组织中，教师们注重领域间的整合与融合，让幼儿在丰富多彩的活动中获得身心的和谐发展。所以，在创设环境之前，教师们都会了解孩子的兴趣在哪里，和孩子们一起讨论，孩子们在熟悉的环境中，兴趣更加浓厚。

❖ 接纳童心，激发创作潜力

每一个孩子都是一个天生的艺术家，蕴含着无限的创作潜力，对艺术作品都有不一样的体会。教师作为幼儿活动的支持者和引导者，与孩子们朝夕相伴，一言一行都会对孩子产生重要的影响，直接左右着幼儿能否通过积极主动的学习获取有益的经验，对于幼儿创作潜能的发挥起到举足轻重的作用。

在创设环境和改变环境时，教师们用平等和宽容的心态面对每一个孩子，并不急于在幼儿面前说出自己的想法和决定，以免禁锢、束缚孩子的思想。教师们更多的是与孩子对话交谈，了解孩子的童心，打开孩子封闭的思路，采用关怀、接纳的心态与孩子平等交往，"请你想一想""我们试试看""还想做什么"，用这些亲切的话语引发孩子们的愿望，从而发现新事物、产生新想法。而教师们在倾听和欣赏中，不断反思，自我分析，也会产生更多新的创意。

【经典案例】

大师演绎画

名家的作品对于提升幼儿审美和激发创作灵感具有积极的影响，同时，也有难以引起幼儿的兴趣等弊端。因此，教师们针对这一问题进行了研究和探讨：在走廊里设计创设了大师演绎画的游戏，以引发孩子对大师名画的欣赏和想象。教师们和孩子一起进行精巧改造，在保证不破坏原有艺术风格的同时，从孩子的角度出发，以趣味的展现形式，增强儿童的参与性，引领孩子们在欣赏完大师作品后，挖掘色彩、造型等不同大师作品中的元素，运用不一样的材料、艺术表现方法进行再创作，通过幼儿的小手绘制，让大师画再现，吸引孩子们关注欣赏。童趣的表现方法来源于教师和孩子共同的创意、智慧。

多元联动　享合作之乐

在塑造教育环境时，不能只追求一种视觉效应，更要体现内在品质。为此，幼儿园始终将环境创设作为教育的一部分，将教育环境作为"潜移默化的教育与教育品牌的体现"。在幼儿园环境设计中，园所以巧妙的设计和适当的引导，激发幼儿的合作探索，以正确的办学思想与优美的视觉印象去感染家长，同时，在一定程度上起到刺激教师与家长对儿童教育再思考的效应，以此带动教师、幼儿、家长等多方的联系与互动，享受参与、合作和成长的乐趣，共同实现幼儿园教育水平的高质量发展。

❖ 幼儿之间，合作探索共成长

环境为幼儿的合作学习提供了丰富的资源，在与环境的互动中，幼儿的发现和问题往往会引发同伴的共同探索。幼儿的发现学习可以独自进行，但有时可以让幼儿在合作中共同探索、发现学习，同时，适当地引导幼儿积极地与环境互动，发挥环境的教育功能，提高教育教学的实效性，实现更大的教育意义。

【经典案例】

1. 苗苗美发店

在"苗苗美发店"的游戏中，在游戏开始前，三个孩子尝试着分工制作、分类摆放器具，同时，他们经过商量，分清了洗、剪、吹的过程。他们在活动中表现出的热情、专注，吸引了其他幼儿加入。孩子们分工协作，通过讨论、制作，一起分享成功的快乐。第二星期，细心的理发师发现来理头发的人逐渐少了，于是，学着美发店每天开门的样子，一开活动区，便放上音乐，跳热舞，吸引客人。不知谁从家里拿来了妈妈的丝巾，带来了喜欢的发饰，并求助美工区，制作小辫、假发、蝴蝶结，孩子们的积极性和创造性在同伴之间的互动中被极大地发挥出来。因此为幼儿提供的操作材料除了要便于个人探索外，还应当满足幼儿合作的需要。这就需要教师们在区域中投放的材料多样，活动时桌子摆放成小组围坐的形式，以利于幼儿间的合作探索和在探索中的使用。

2. 创意玩足球

幼儿园一直秉承寓教于乐的教育思路，探索开发了玩足球等多种特色项目，把一些专业知识和不同年龄段孩子的发展特点和发展目标，用足球游戏串联起来，让孩子在合作玩球中找到乐趣。同样的，足球环境创设在幼儿的足球教学活动中有着推波助澜的作用。幼儿园针对主题活动可以很好地渗透教育目标的特点，教师捕捉幼儿兴趣点，开展"我喜欢的球类游戏"系列主题活动，收集优秀足球运动员的成长介绍和足球明星照片剪辑，师生共同设计对抗赛的队徽、队服、奖杯；"足球新闻角"里，有着最新的足球赛况和幼儿园小朋友间足球对抗的新闻、趣事。踢踢幼儿足球赛、跳跳足球舞、做做足球操、唱唱足球歌、说说足球故事、玩玩足球游戏、查查足球知识、谈谈足球比赛感受……宝宝足球队受邀参加央视"我是球王"比赛，北京国安球员杨璞、北控燕京队队长路姜，在南方叔叔的主持下，进行迷你足球赛。2015年至今，幼儿参加北京市幼儿五人制足球邀请赛，2次踢进鸟巢进行总决赛。每次比赛，小将们奋力拼搏，带球、过人、射门……都成为全场的焦点。

❖ **教师之间，互动学习齐发展**

教师是幼儿教育的实施者，也是幼儿园环境的主要创设者。环境创设的整体风格是教师的思维方式、审美情趣的集中体现，只有会思考的教师群体才会创设出一个充满想象与动感的教育空间。因此，幼儿园经常要求教师走出园门，观摩姐妹幼儿园的设计风格。邀请艺术家与教师展开互动，经常对教师传递"创意+文化=特色"的思想。鼓励教师大胆想象，释放每个教师的创意、热情。由此构成了一个良性循环、爱岗敬业、互动和谐的教师群体。在互动效应中，教师群体专业素质自然而然地获得了提升。

❖ 家园之间，相互支持促和谐

为了促进每一个幼儿健康发展，幼儿园努力创设"家园合作、同向同步"的幼儿园环境。只有让家长参与到富有创意的环境创设活动中，才能让家长认识到环境对幼儿发展的意义，成为教育的支持者、理解者、欣赏者、响应者与创造者。在环境创设活动中，教师们注意让家长参与教育过程，让家长及时了解孩子的学习及教师的工作，促进家长对孩子学习活动的支持。

教师们每进行一个活动，都要把教育目标介绍给家长，把教师们活动的想法与家长沟通，有效地促进家园互动。教育的思想要得到家长的认同、支持和参与，这就要求教师们将家长工作的重心从"教育家长"转变为"家园平等合作"。在实现环境教育的思想过程中，教师们经历了由家长观看欣赏——按教师布置的做——体现家长主动性的积极参与的过程。

【经典案例】

1. 大碗岛的星期天

美育活动是促进家园互动的有效方式，家长和幼儿的共同参与，不仅可以增进亲子交流和互动，还可以在潜移默化中提升家长的审美，加深家园的信息和情感的互通。幼儿园开展美育教育活动，每次都会将开展的活动和家长分享，支持家长参与到幼儿园的活动中。在欣赏大师作品《大碗岛的星期天》的活动中，家长和幼儿在走廊里共同创设了"大碗岛的星期天"的环境，孩子们把自己星期天有意义的事情进行设计和记录，利用不同的艺术表现形式进行展现。

2. 快乐的布艺墙游戏

根据小班的年龄特点，教师们设计了布艺墙"快乐的游戏"，让教师、家长、幼儿共同参与到环境的设计中来。活动灵感来源于布艺图书，教师结合小班幼儿喜欢摸一摸、捏一捏、摇一摇的年龄特点，决定设计一面融美化、游戏于一体的教育环境。在对幼儿的兴趣进行了解之后，发现小班的幼儿对小动物非常感兴趣，他们能说出许多自己喜欢的动物的名字。由此，教师确定了布艺墙的主题内容。随后，召开小型家长会，在会上把布艺墙设计的想法和幼儿们的意愿与家长进行了交流，并从家长中产生了有制作特长的多位志愿者。同时，教师和家长还一起布置布艺墙的每一个细节，共同挖掘出了布艺墙的欣赏点和互动点。大家通过努力，制作出了布艺墙"快乐的游戏"。

第三节　以小见大的班级环境

古语说："入兰芷之室，久而不闻其香，则与之化矣。"班级环境是幼儿日常生活和学习的主要环境，是幼儿园实施教育教学的重要载体。班级环境的创设，悄无声息地影响着幼儿的思考方式，影响着幼儿的成长。它一方面直接关系着一个班级学习与生活风气的塑造，另一方面又是幼儿园整体环境的缩影，是幼儿教育水平的重要体现。因此，班级环境要从小处着手，扎根幼儿实际需求，着眼于幼儿的未来发展。

对于幼儿而言，环境作为育人的一条重要路径，不仅仅是装饰，更是丰富幼儿园环境、优化教学手段、提高教育质量的重要途径。良好的环境能够促成幼儿良好习惯的养成，更对他们以后的发展方向起着重要作用。环境还能够为幼儿的合作学习提供非常好的资源，使教育活动更具吸引力和凝聚力。

因此，在班级环境创设中，教师们始终坚持将幼儿的主体地位放在首位，因地制宜地拓展区域游戏空间，挖掘材料的多元价值，以恰当的方式引导幼儿成为班级环境创设的主人，与环境有效地对话，让环境成为幼儿学习的互动平台。以幼儿的认知发展和年龄特征为出发点，让环境发出探索的邀请——给孩子以挑战；让环境发出创造的邀请——放开孩子的手；让环境发出分享的邀请——满足孩子所需。让环境的价值在幼儿与环境的互动中得到体现，把环境设计作为一种教育理念和课程模式的建构性要素，让班级环境与园所环境成为一个联动的整体，共同成为幼儿发展和成长的舞台，给幼儿的人生道路增亮添彩。

小区域，大学问

《纲要》指出："环境是重要的教育资源"，《纲要》（细则）也提出："环境布置应当与当前的教育内容相配合。引导幼儿主动参与环境创设，使每个幼儿都有表现和表达的机会，在与环境的互动中获得发展。"充分体现出了环境建设的重要性。《指南》中则指出，要为幼儿"提供自由活动的机会，支持幼儿自主地选择、计划活动"，而班级区域正是一个很好的发挥幼儿自主性的空间。区域环境作为班级环境的重要环节，一方面可以在很大程度上影响幼儿的游戏兴趣，另一方面也关系到幼儿学习和动手能力等诸多方面的发展。

小区域，却蕴含着大学问，唯有充分考虑幼儿的兴趣取向以及区域环境的使用度，方能助力幼儿自主发展，让孩子健康成长。在《纲要》《指南》精神的引领下，幼儿园一直致力于合理科学地创设班级区域环境，结合美善文化和艺术特色，选取贴近幼儿生活的元素，不断丰富活动内容，最大限度支持幼儿按照自己的意愿与兴趣，自主参与、自由结伴、自定主题、自选材料、自发进行交流、积极表达情感，共享快乐。同时关注幼儿发展的需要，追随活动的进程，捕捉教育契机，挖掘环境创设的内涵，将幼儿创作的静止的作品转变成促进幼儿发展的材料，让环境材料更富有弹性，引发幼儿积极主动地与环境产生互动效应，进一步激发幼儿"在快乐的童年生活中获得有益于身心发展的经验"。

❖ 改头换面，给空间注入新活力

结合幼儿园的美善文化以及艺术研究特色，教师们将每个班级的阳台改造成艺术活动室，这样既拓宽了艺术活动空间，又规避了综合艺术活动室幼儿不能随时参与或不能保证每天参与的弊端。与此同时，教师将不同种类的艺术活动进行区域的划分，便于幼儿参与活动时选择和取放。同时，在区域的设置和使用上，教师们也结合幼儿的需求和特点，做了许多新的尝试。如装饰角中，对废旧纸盒等物品进行"改头换面"，让其重新具有生命力。在美工区中，材料和工具都比较繁多，为了方便幼儿们的使用，教师用许多收集来的盒子、瓶子进行分类摆放。与此同时，教师还结合本班美工区的整体风格，将这些瓶瓶盒盒也进行了"改头换面"，使它们和整体环境相匹配。这样做的好处是：从视觉上看，美工区的氛围更加整体，而不显得杂乱；从艺术欣赏的角度看，美工区的风格更加一致，氛围更加突出，活动室给了幼儿强大的艺术感染力。

❖ 融合主题，给背景添加新内涵

环境设计要贴近孩子生活，体现过程，也要注重艺术美，而不是杂乱无章地堆砌，注重环境的艺术美，能够在无形中提升幼儿的审美意识和审美能力。

在开展"我的书朋友"主题活动初始，教师首先遇到的是主题背景画面的设计问题。为了挖掘多种表现形式，教师与幼儿通过讨论，用不同材料制作了以书和图书馆造型为主体背景的墙饰。随着主题开展的深入，教师针对幼儿不同的特点和需要，为幼儿提供了多种材料，幼儿运用实物收集、图片、照片、绘画、剪纸、泥工、印染、废旧制作等不同表现形式记录下活动开展过程，包括"图书秘密"、"多美丽的封面"、图书大分类、参观计划、参观图书馆等。孩子们最喜欢的是参观图书馆的活动，参观后孩子们设立了班级图书馆，绘画了规则图示，提高了孩子们的规则意识；创设了"图书医院"，在修补图书中养成爱护图书的习惯；设立了图书管理员，制定了借阅制度；提高了交往与合作的能力。孩子们不仅更爱看书了，还养成了爱护图书的好习惯。

小材料，大作为

中国著名儿童教育家陈鹤琴先生说过："怎样的环境，就得到怎样的刺激，得到怎样的印象。"幼儿园以教育性、艺术性、互动性为原则，以游戏性为切入点，努力创设引导幼儿"积极主动地感知、操作、探索、发现，并与他人主动交往，从中获得多方面的经验和能力"的环境。幼儿的年龄特点决定了他们的环境体验和经验获得，大多是在游戏中进行的，而游戏材料是影响幼儿体验和成长的重要因素。因此，幼儿园本着"小天地，大作为"的环境创设理念，注重环境创设中丰富多样的材料投放，为每一个孩子提供游戏的条件和表现的机会，激发幼儿主动操作，让幼儿成为环境的主人，使幼儿在环境中能自由地游戏，自由地展现自己的想法。同时关注材料的适宜性、艺术性、创造性等，发掘材料的多元价值，让小材料发挥大作用，促进幼儿不断地可持续地发展。

❖ 关注材料的适宜性，呵护童真稚趣

结合每一次的主题活动，教师们首先考虑的是结合幼儿的年龄特点，投

放丰富的材料。如进行绘画活动时，在小班，教师们注重投放多种多样的玩色工具：各色安全颜料，保护衣服的外罩，以及大小、材质不同的印章，教师们自制的海绵笔、牙刷笔、滚轮笔、瓶盖笔等。幼儿们的创作地点也不局限于桌子上，铺好大大的纸张的墙上、地上也是他们创作的地方。对小肌肉控制还不太好的小班幼儿来说，在墙上或地上作画能够让他们更好地进行天马行空般的涂鸦。

在中、大班，教师们提供的材料就更加丰富了。除了一些常规的绘画、手工、泥工材料外，教师们还提供了水墨、版画、刺绣等材料。为了节省幼儿取放材料的时间，教师还设计了综合材料盒，张贴了有明显标识的工具标签，为幼儿的创作提供了很大的便利。在此基础上，教师们还引导幼儿们收集身边的瓶瓶罐罐、包装盒子等。他们把这些材料带到幼儿园，在手工活动中展开想象、自由组合，将材料变成了一件件充满稚趣的艺术品。

❖ 关注材料的目的性，激发探索行为

在环境创设中，幼儿是否有自主选择和使用材料的权利，在很大程度上影响着他们参与环境创设的积极性，影响着幼儿与环境材料之间的相互作用。为了让孩子真正与环境互动起来，需要教师多动脑、孩子多动手，让孩子们把他们的创造性用小手大胆地表现出来。孩子们在动手操作的过程中，会同时动脑思考，当他们创作的成果展现到环境中时，他们会体验到自由表达与创造的乐趣，增强孩子们的自信心。

教师们把创设环境的权利还给幼儿，充分给予孩子自主权，引导孩子学习的积极性、创造性，让幼儿真正成为环境创设的主人，从而积极主动地获得有益于一生发展的经验。在参与环境创设的过程中，孩子们用自己收集的生活中的低结构材料，形成喜欢的游戏内容，将材料进行组合、创造，形成自己班级的独特区域，石头区、串珠区、水杯区、瓶子区、柏拉图创意区……这些自然物和废旧物品，取之不尽，用之不竭，幼儿又能时时玩出新花样。

例如，在柏拉图创意区，教师们组织了"意大利面遇上棉花糖"的游戏，要求在规定的时间内，用生的意面、一包棉花糖、一些简单的辅助材料，搭建一个高高的房子（任意的立体结构即可），希望幼儿通过动手搭建不同形状的立体图案，了解不同形状的结构稳定性能，掌握分析力的三要素的方法，对简单

的结构能够进行合理的受力分析，学习结构力学的相关知识，了解结构的加固方法，利用意大利面和棉花糖动手搭建立体结构，通过比赛的方式激发幼儿追求更高更稳固的结构设计，提升幼儿的空间想象能力及结构设计能力。

❖ **关注材料的多元性，实现综合发展**

在区域环境的创设中，教师们立足园所实际，从幼儿特点和发展需求出发，最大限度地发挥材料的教育价值，实现孩子在游戏中的全面发展。

一是注重材料的游戏价值。主要体现在利用生活中的材料的同时，要注重发挥投放材料的探究性和引导性，探究性并不仅仅指一般意义上的动手操作，而是要根据幼儿的兴趣特点，能够最大限度地引发与支持幼儿与材料之间的相互作用，引发与支持幼儿进行动手操作、动脑思考。

在游戏"有趣的大象"中，教师选取了薯片桶、卫生纸卷心、彩色纸等制作材料，鼓励幼儿在游戏过程中尝试多种玩法，引导幼儿通过夹球练习正确使用筷子，通过插耳朵，练习点数、数字与英文配对；通过倒小球的方式，感受摩擦力，实现一物多用，在提升动手能力的同时，还能通过游戏理解数与量的关系。

在另外一个游戏"小兔的家"中，教师选择了纸盒、彩纸、卫生纸卷心等材料，精心设计了铺路、"送小兔子回家"益智棋、讲故事等环节，引导孩子在玩的过程中可以练习按规律排序、学习简单棋类游戏等。

二是注重材料的艺术价值。艺术价值，主要是指一件艺术品所代表的作者的艺术个性、风格。生活中的很多物品虽然不是艺术品，但是也有很多艺术元素。只要有一双善于发现美的眼睛，总能够在生活中找到艺术的元素。比如挂历上的水墨画，颜色、形状各不相同的瓶子等，都能够进行简单的艺术创作。注重材料的艺术性，就是要擅长在日常生活中发现能够进行艺术创作的材料。

即便是废旧物品，只要稍加改造，也能变成很好的艺术作品。教师在废旧挂历上精心绘制出具有中国风的青花瓷桶壁，为孩子们提供了绘画作品收放桶。一个个可爱的动物形象，也是教师凭借灵巧的双手，利用布、乐百氏瓶、扣子、旧毛绒玩具等材料制作而成的，既可作为制作欣赏，也可作为故事讲述材料。同样，铁盒、卡子、纸盒、卡纸、丝带、水彩笔等孩子身边常见的材料，也能制作出具有一定情境的游戏材料，从色彩搭配、艺术造型上体现艺术价值。

小空间，大舞台

小小的空间，既是创造的舞台，又是展示的舞台。

幼儿园教育的核心是促进幼儿全面发展，教育环境的创设直接服务于教育目标的实现。班级中的每一个角落都具有无限的教育可能，如何最大限度地发挥每一个角落的育人功能，这不仅仅需要教师的创意，更需要有一种强烈的资源意识，善于利用班级中的每一个角落。

在班级环境创设中，幼儿园鼓励教师遵循开放性、互动性原则，以创造性的思维，为幼儿搭建各种展示的舞台。比如，教师们利用美工区的柜子、窗户边的拉绳、墙上的百宝格让幼儿展示自己的作品。这些空间的主人一定要是幼儿，他们每完成一件作品，就可以自主地展示在他们希望展示的地方，而被替换下来的作品也有一个可以妥善安置的地方，以表示对幼儿作品的尊重。这样一来，幼儿会更加自信，不会觉得教师是评判作品好坏的权威，也不会觉得展示架上的作品只是少数小朋友专属的展示空间。

第四章

多元蕴美，至真育善

"课程"一词在我国始见于唐宋时期。唐朝孔颖达为《诗经·小雅·巧言》中"奕奕寝庙，君子作之"句作疏："维护课程，必君子监之，乃依法制。"但这里课程的含义与今天所用之意相去甚远，这里具体指一个人的整个的学习和教育的课程。

　　宋代朱熹在《朱子全书·论学》中多次提及"课程"，如"宽着期限，紧着课程""小立课程，大作工夫"等。虽然他对这里的"课程"没有明确界定，但含义是很清楚的，即指功课及其进程。这里的"课程"仅仅指学习内容的安排次序和规定，没有涉及教学方面的要求，因此称为"学程"更为准确。到了近代，由于班级授课制的施行和赫尔巴特学派"五段教学法"的引入，人们开始关注教学的程序及设计，于是课程的含义从"学程"变成了"教程"。

　　那么，什么是幼儿园课程呢？幼儿园课程是从幼儿身心发展的特点和特定的社会文化背景出发，有目的、有计划地组织和实施并贯穿于幼儿一日生活之中的经验，这种经验是幼儿园施加教育影响的一种中介，以引导和促进幼儿朝着社会所需要的人才的方向发展。这一定义既反映了一般课程的基本特征，如目的性、计划性、结构性等，也反映了幼儿园教育的独特性和不可替代性。独特性意味着某些教育任务和要求（身体保育）是幼儿教育阶段所特有的，对幼儿的成长和发展是必需的；不可替代性意味着其他任何年龄阶段的教育功能、目标、内容及方法都不能直接移植到幼儿园教育上。

　　张雪门、陈鹤琴、斯波代克等教育专家认为"幼儿园课程被理解为儿童在幼儿园所获得的一切经验"。因此，幼儿园课程是实现幼儿园教育目标的手段，是促进幼儿发展的基本保障。幼儿园在"多元立美，和谐至善"核心理念的引领下，回归教育本真，以幼儿为本，注重多元融合，关注幼儿真实的学习，以"幼儿园快乐与发展"课程为主体，紧紧抓住"尊重、适合、快乐、发展"四个关键点，结合本园实际，围绕园本教研开展教育实践。幼儿园在课程建设上逐步摸索，形成特色，为幼儿搭建开放的、无边界、无范围的成长空间，形成了"本真"的无域式课程模式。

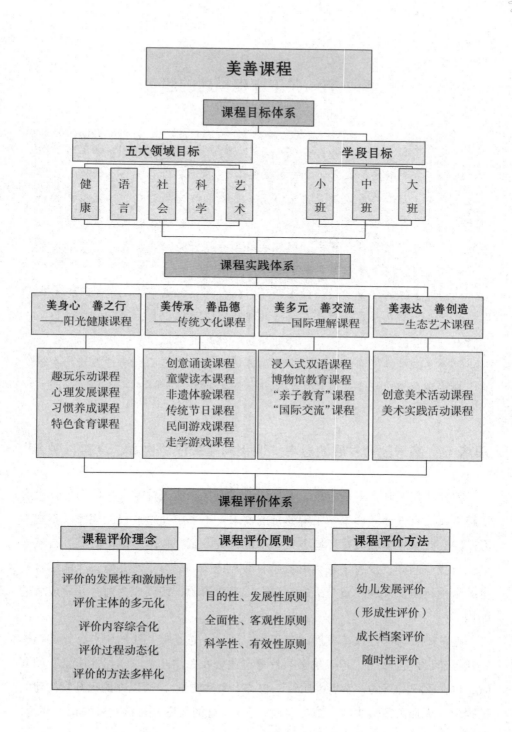

美善课程

课程目标体系

五大领域目标

健康　语言　社会　科学　艺术

学段目标

小班　中班　大班

课程实践体系

美身心　善之行
——阳光健康课程

美传承　善品德
——传统文化课程

美多元　善交流
——国际理解课程

美表达　善创造
——生态艺术课程

趣玩乐动课程
心理发展课程
习惯养成课程
特色食育课程

创意诵读课程
童蒙读本课程
非遗体验课程
传统节日课程
民间游戏课程
走学游戏课程

浸入式双语课程
博物馆教育课程
"亲子教育"课程
"国际交流"课程

创意美术活动课程
美术实践活动课程

课程评价体系

课程评价理念

课程评价原则

课程评价方法

评价的发展性和激励性
评价主体的多元化
评价内容综合化
评价过程动态化
评价的方法多样化

目的性、发展性原则
全面性、客观性原则
科学性、有效性原则

幼儿发展评价
（形成性评价）
成长档案评价
随时性评价

第一节　关于课程构建的思考

教育部2012年10月颁布了《3—6岁儿童学习与发展指南》，这是对《幼儿园教育指导纲要》教育部分的扩展解读，《指南》进一步明确提出了"为幼儿后继学习和终身发展奠定良好素质基础"的目标，更加注重儿童发展的整体性、差异性、学习方式、学习品质的培养。如何在《指南》精神引领下，实施有效的课程模式，引领和培训教师将先进的教育理念转化为日常教育行为，成为幼儿园需要深思的新课题。

经过多轮的学习研读，幼儿园深刻领会到：把童年还给孩子，把游戏还给孩子，把快乐还给孩子，注重儿童快乐幸福的童年，是新时期赋予幼教人的使命。幼儿园是幼儿生活的场所，幼儿在幼儿园的生活经历和经验决定着幼儿童年生活的质量，影响幼儿各方面的发展。办幼儿园就是在创造幼儿的生活，创造幼儿充满美与善的幸福童年。

思考一：基于教育发展的思考，课程构建关注"生本、真实、融合"

教育不是控制，不是奴役，不是塑造，而是顺应人性和自然的引导。没有了解，就没有教育。如果不了解儿童的需求，不了解儿童成长的规律，不把学习回归到儿童本身和教育环境下，就不能保证儿童在校园生活中真实、自然地呈现自我。同样，没有了解，也就没有课程建设。只有了解儿童，才能结合儿童的个性特质，发现儿童身边的、潜在的教育资源，使其成为适合儿童成长的课程。

在基础教育课程改革发展的过程中，课堂一直是被关注的焦点，始终在围绕课程建设进行破题。越来越多的教育实践者在关注儿童"学习性质量"的同时，也在重视儿童的"发展性质量"和"生命性质量"。所以在课程开发构建的过程中，更加关注"生本、真实、融合"，通过创设适合儿童发展的育人环境，引领儿童发展，为儿童的人生幸福奠基。

❖ **生本——以生为本，开发生成课程**

所谓课程生本化，就是以生为本，把教材与儿童的实际结合起来，使生活和整个世界都成为课程资源。事实上，只有把课程和儿童的发展相结合，才能体现"发展"这个概念的真正内涵，即发展主要是"质"而不是"量"的变化。也只有真正生本化的课程，才能体现"教育"这个概念的真正内涵，即让儿童形成健全的个性或人格。对于儿童而言，处处是课程，时时有课程。因为教育无处不在，课程也应该无处不在。但是，很多学校只是关注课堂里的课程，而忽略了课堂以外的诸多隐性课程。只有有了正确的课程观和课程意识，教师才会从教育的视角和孩子健康成长的视角来开发、建设课程。

❖ **真实——真实学习，重建教育生态**

在课程构建中要从儿童真实生活出发，设置具体情境，从儿童认知规律的角度设计课程并组织课堂学习，推动儿童主动学习。

幼儿园聚焦"真实学习"，以儿童为核心、以生活为情景、以经验为材料、以探究为方式，创设"真情境"，引导"真探究"，助推"真发现"，以课程内容以及课程构成的真实性重建儿童真实学习的教育生态，使孩子的天性得到尊重，个性得到发展，促进孩子自主探究、合作互助，提升孩子的生活能力和解决问题的能力，育成综合能力强、全面发展的健康幼儿。

❖ **融合——多元融合，"办没有围墙的教育"**

教育不单纯是学校教育，必须与家庭、社区密切结合，因此，学校在构建课程的过程中，注重多元融合，真正实现"办没有围墙的教育"。

对于幼儿园来说，要实现"办没有围墙的教育"，首先，要实现幼儿园、家庭、社区的资源融合，既要明确幼儿园是学前教育的主阵地，又要强调幼儿园、家庭和社区三位一体化的学前教育合力；其次，要涵盖幼儿园五大领域的各项内容，注重各领域之间的相互渗透与融合；最后，要注重传统文化教育与国际视野的融合，既要吸收传统文化精要，又要积极开拓国际视野，博采众长，在多元融合中，促进幼儿身心健康发展和美善品格的育成。

思考二：基于学前教育的思考，课程构建融入生活实践

保教合一、玩中启智、生活即教育，是学前教育的独特性。"一日生活皆课程"。一日生活是什么？是幼儿园一天的全部经历，是幼儿生命充实与展现的历程，是"个体的参与、体验与创造中，利用环境自我更新的历程"。杜威说：教育即生长，教育即生活。儿童本能的生长总是在生活中展开的，生活是生长的条件，生长是生活的内容，生活即是发展，发展、生长即是生活。蒙台梭利说："幼儿有强烈探索环境和周围一切的本能，这种生命的冲动促使幼儿从生活中学习并发展自我。"把《指南》的实施融入幼儿一日生活中既是转变的观念，也是以幼儿为本，让孩子在一个安全、温暖、富有激励性的环境里，以自己喜欢的方式投入学习，愉快地游戏、主动地探索、快乐地成长的教育过程，是追求幼儿园教育的自然与无痕，让幼儿园教育与生活实现一体化的过程。

❖ "幼儿教育生活"的价值

生活是一种实践、一种参与，也是一种体验。教育可以追随幼儿的生活和经验，凡是幼儿需要的、感兴趣的都可以纳入园所教育活动。教育离不开生活，好的教育就是让师幼过一种幸福完整的教育生活。幼儿园基于学前教育的特征以及幼儿的年龄特点，开始思考幼儿教育生活的价值在哪里？怎样让师幼过一种幸福而完整的教育生活？

首先，对于幼儿来说，教育生活的价值是要让幼儿在过程中感到幸福快乐，同时又能获得长远发展必备的品质。好习惯是一辈子的"存款"，坏习惯是一辈子的"债务"。幼儿期是人生良好行为习惯养成的时期，如何抓住这个关键期为幼儿积攒益于一生发展的财富呢？这就要求幼儿园和家长密切配合，使每个孩子养成良好的生活习惯、学习习惯、行为习惯。全面落实《指南》精神，家园共育共成长。在幼儿的基础阶段，养成幼儿的好习惯，养成积极的态度，为孩子学习与发展的"存折"添上一笔"巨额的存款"，为幼儿一生的发展打好坚实的基础。

其次，教育的本质就是培养人一种积极的态度。教师的幸福就是和孩子一起成长。教师只有感受到当教师的尊严，为师者才能和孩子同成长，聆听到生

命拔节开花的声音。幼儿时代作为人生的一个阶段，是一个其本身就拥有极高价值的时代。对幼儿来说，自由的时间、快乐的游戏都是有决定意义的重要东西。一个儿童的早期保教经历就是他的人生经历，同时也是面向未来人生的准备。保障每一个儿童过一个快乐幸福而有意义的童年，将让他们的未来充实而精彩。珍视幼儿游戏和生活的独特价值，就是创造丰富的教育环境，合理安排幼儿一日生活，最大限度地支持和满足幼儿通过直接感知、实际操作、和亲身体验获取经验的需要。

❖ **课程的预设和生成符合儿童的生活实际**

课程既要满足幼儿掌握必要的知识和技能的需要，保障儿童的基本发展；又要关注幼儿即时的问题、需要和兴趣，调动儿童的积极性、主动性和创造性。幼儿园在设置课程内容时，关注生活资源的利用，注重课程的预设和生成相结合，以幼儿的兴趣、思维、需求、经验为出发点，挖掘生活中的课程资源，梳理一日生活的教育价值点，灵活调整课程结构，保持预设的弹性和宽度，为课程的生成预留一定的空间，以更好地符合儿童的生活实际和主题背景。实践中，要相信每一个孩子都是一个独特的世界，要把每个孩子作为挑战自己的尝试，努力做到：耐心倾听——了解孩子心里想什么；善于观察——感受孩子心里要什么；学会欣赏——知道孩子想要什么；引导鼓励——支持孩子想做什么。让幼儿在生活中不断拓展经验，发展积极的情感，发展必要的技能，为成长奠基。

思考三：基于园所实践的思考，课程构建注重结合实际

幼儿园教育是科学的，幼儿园教育是生动的、鲜活的，幼儿园教育是体现优秀先进文化的。幼儿园应以教育的理想办有理想的教育，以教育的品位办有品位的教育，以教育的本真办有本真的教育，以教育的兴趣办有兴趣的教育，以教育的情怀办有情怀的教育，以教育的责任办有责任的教育，以大视野、大眼光、大思想、大胸怀思考教育的发展，思考未来的方向。

课程作为幼儿园发展的质量线，如何构建幼儿园的课程，直接关系着幼儿园的教育质量，经过探索—实践—总结—反思，幼儿园提炼出课程建设应注重的"两个实际"——一是注重实际经验，立足实践，加强教研；二是注重地域

实际，就地取材，因地制宜。幼儿园深入思考"两个实际"，用以指导幼儿园课程的整体建构。

❖ 立足实践，加强教研

向实践学，向自己学，向同行幼儿园全体教师学，在继承中自主创新，在培训中合作学习，在学习中提升认识，以"优质+规范+特色"为核心，以"美育和国际化"为特色，真诚赏识每一个孩子，健康快乐每一天。在追求教育目标、构建课程体系的过程中，注重家园共育，逐步做到深、细、广、恒、活。深，即深入家庭，深入班级，深入个人；细，即重视调查研究，重视家长信息反馈，不断改善、改进提高；广，即普遍面向全园家长；恒，即坚持到底，持之以恒；活，即因人而异，因事而异，达到家园同步提高。

❖ 开放分享，就地取材

课程建设的过程中要关注资源的整合与利用，注重"开放分享，就地取材"。"开放分享，就地取材"体现的是因地制宜的原则。比如，新中街幼儿园立足地理位置及园所教育特色，在课程建设中定位以美育人，在国际化平台上加大了国家间的交流与合作，开展项目教学法的研究；与日本教育团交流与研讨"儿童早期教育的开展"；与新西兰的教育交流与研究。幼儿园的成果在塞浦路斯儿童艺术教育年会中进行学术交流，"学前儿童剪纸动画制作促进幼儿多元发展"在香港第六届幼儿美术国际会议中做学术交流，创意动漫课程和14个国家和地区的教育同人以工作坊的形式进行研讨和操作互动。参加丹麦女王访华及白俄罗斯总统访华的国事活动，孩子们自主创作的无稿剪纸作品受到丹麦女王、白俄罗斯总统的称赞和国家主席习近平夫人彭丽媛的接见。

东棉花胡同幼儿园根据地域浓厚的人文底蕴，将教育特色定为传统育人，在课程建设中把节日作为教育的主线，了解生态人文的变化，增加对自然的认识和对生活的热爱。提升"小院落，大健康"的理念，借鉴美国游学思想和教育方式，让幼儿真正地玩起来，开展走学游戏，使幼儿充分感受传统文化的魅力，更加大胆地表达、更加快乐地交往游戏，将老北京人的热情、主动，展现得淋漓尽致。基于对传统文化的研究和国学的渗透，在国家行政学院专家团队的引领下，共同研究出版了中华优秀传统文化普及系列丛书童蒙读本。

同时，"开放分享，就地取材"体现的也是善于利用家园社资源的合作意识。

比如，为了让孩子拥有一双发现美的眼睛，更加热爱生活，幼儿园把博物馆教育作为孩子审美能力提高和发展创造性的基地，在每月的博物馆游览中，赏大师巨作，孩子们在这种熏陶下自己创作的作品四次在首都博物馆及中国妇女儿童博物馆展出，博物馆教育成为幼儿成长的又一个摇篮。此外，孩子们可以在楼顶种植中草药；在小场地发展大足球；品尝16位五星大厨推出的"文化大餐"；听儿艺欧阳院长讲传统故事；跟公安大学大伟爷爷学跳平安操；和奥运冠军、著名球星同场竞技；孩子们的无稿剪纸创作在国事访问中，受到国家主席习近平夫人彭丽媛和丹麦女王的称赞。在家园社一体的大教育场域中，教师让很多不可能变成现实，涵养幼儿的中国心、世界眼。

中央戏剧学院专家对孩子们的培育，使幼儿表演、展现自我的能力大大增强。幼儿安全新书发布会，幼儿用系列表演真实再现安全故事，被王大伟教授命名为儿童安全活动实践基地；与国家疾控中心联合开展的教育活动作为国家级课题成果在教育网站上推广；男女教师共同开展的体育教学活动荣获东城区一等奖；在"少年强则国强"阳光体育大会上，作为北京市学前教育代表，幼儿园光荣参加了全国赛事。多元的活动为孩子们搭建更高的平台，从小筑牢"坚强、自信、我是最棒的"的信念，为孩子一生的优质生活奠定基础。

为了让孩子个性更加全面地发展，幼儿园为17名男教师搭建更高的成长平台。以东城区特级教师为导师，以中小学名优体育教师为师傅，有针对性地进行培养，使男教师在业务上更专更精。他们共同打造的宝宝足球队、贝贝篮球队多次参加市区级比赛，搏击操、武术操已经成为孩子们最喜爱的运动项目。

17名男教师已经从刚开始的新教师成为幼儿教育研究的探索者、顶梁柱，他们正用自己对学前教育的理解与感悟，推动着园所质量不断地提升。男教师团队的不断壮大、研究成果不断涌现，不仅得益于幼儿园对于幼儿健康成长内涵的深层次探索，更得益于四园融合、一体管理、资源共享创造的发展平台。

思考四：基于人的发展的思考，课程构建关注个体发展

人的发展主要是指随着年龄的增长，个体蕴含的潜能在社会实践活动中不断解放并转化为现实个性的过程。人的发展包括两个方面，一是生理上体质的发展，二是心理上认知和情感的发展。任何事物都有内在的规律和特点，人的

身心发展也是如此，具有顺序性和统一性。一个人只有心理发展和生理发展达到了统一，才会得到十分充分的发展。而教育的内容也要遵循这一规律，按照孩子们的身心发展来制定教学内容，构建顺应人的发展规律的课程体系，实现个体的全面化、个性化、最大化发展。

❖ 游戏为主，自主发展

"儿童是否幸福，取决于童年有没有游戏"。什么样的孩子是好孩子？什么样的教师是好教师？什么样的教育是好教育？在探索课程构建的方法与路径的过程中，联盟幼儿园开展了在《指南》引领下的区域活动研讨，全园坚持以幼儿为本，游戏为主，注重"激发兴趣，开发潜能，培养习惯"，开展了丰富多彩的幼儿区域游戏活动，充分保障幼儿自主选择游戏内容，探索寻找一条彰显办园特色、注重内涵发展之路，真正做到把游戏还给孩子。

其中，教师注重面向全体、关注差异、游戏为主、保教结合、寓教于乐、家园共育，充分利用活动室开辟了多种幼儿感兴趣、可操作的室内外区角游戏环境，丰富多样的活动场所与操作材料，每天都可供孩子们自主选择、自由结伴、自由安排、自由游戏，让幼儿快乐生活、健康成长。

❖ 融会贯通，全面发展

联盟园的教育理念是"有育无域"。办有文化的幼教，做有情怀的教师，做有方向、无边界的开放式课程，是幼儿园不懈的追求。一方面，幼儿园以美育为主线，融合五大领域的内容，主张教师能够合理、适时地开展活动创设，从不同的角度促进儿童情感、态度、能力、知识、技能等方面的均衡发展，促进幼儿身心健康、全面可持续发展。另一方面，幼儿园倡导课程内容要体现四大基础课程形态——运动、游戏、学习、生活之间的整合。让学习情景化、生活化，让幼儿在快乐中主动参与，在参与中观察、认识、区别、比较，进行思维活动，获得情绪情感、社会性、语言、认知、艺术和动作各方面的发展。

第二节　课程的目标体系

课程总目标

培养幼儿热爱生活，愿意并能够从生活、学习、艺术作品中发现、感受、欣赏美好的事物。

支持幼儿用适合自己的方式进行自信地表达、表现和创作，拥有健康积极的心理状态。

促进幼儿形成积极主动、认真专注、不怕困难、敢于探究和尝试、乐于想象和创造的良好品质。

课程的五大领域目标

"美育"是一个宽广的领域，它绝不只局限于艺术方面，在社会生活中人们的行为举止、处事态度，比如在学习中的积极探究、刻苦钻研，在语言表达中的语气、声调等，处处都会留给他人不同的感受和印象。而幼儿首先要去看、听、感受，才会在学习和模仿中习得自己的思维行为模式，这就需要教育者在不同的领域中挖掘出对幼儿成长能起到积极作用的内容，形成不同领域中的美育目标。

❖ **健康："以美健体"**

拥有发育良好的身体、强健的体质、协调的动作、愉快的情绪，以及良好的生浩习惯和基本生活能力。

❖ **语言："以美雅言"**

具有良好的倾听习惯，乐于用语言进行表达，从生活中和优秀的文学作品中丰富表达经验。

❖ **社会："以美树德"**

具有积极乐观的生活态度，能够正确地看待自己、对待他人，积累人际交往经验，具有较强的社会适应能力。

❖ **科学："以美启智"**

对生活充满好奇，发现并享受探究的过程，并从中丰富认知经验，形成良好的学习态度和学习品质。

❖ **艺术："以美怡情"**

具有丰富的想象力和创造力，能够用心灵去感受和发现美，用自己的方式去表现和创造美。

课程的年龄目标

❖ **小班**

——健康

1. 情绪比较稳定，对新环境能够较快适应。

2. 有一定的适应季节变化和生活环境变化的能力，很少生病。

3. 在成人的帮助下，能够穿脱衣服和袜子，能把玩具放回原处。

4. 有初步的自我保护意识，不做危险的事，知道不能随意离开成人。

——语言

1. 能注意倾听他人说话并回应。

2. 愿意在熟悉的人面前说话，能口齿清楚地读儿歌、童谣。

3. 用自然的声音说话，眼睛看着说话的人，能使用简单的礼貌用语。

4. 喜欢看书，爱护图书，能够看图说出简单的意思。

——社会

1. 愿意和同伴一起游戏，并提出请求。

2. 知道不能争抢玩具，会为自己的好行为感到高兴。

3. 喜欢承担小任务，愿意做力所能及的事。

4.知道与自己在一起生活的家庭成员，爱父母，能感受到家庭的温暖。

——科学

1.喜欢接触大自然，对周围事物、现象感兴趣，喜欢摆弄物品。

2.能用多种感官探索物体，发现其明显特征。

3.喜欢探究活动，在生活中感受各种科学现象、自然规律。

——艺术

1.喜欢大自然中美的事物，对自然界的声音感兴趣。

2.喜欢欣赏各种艺术品，爱听音乐，爱看舞蹈、表演等。

3.愿意自哼自唱、涂涂画画并乐在其中。

4.愿意跟着音乐随意摆动或模仿做动作，能够用简单的线条表现人和事物。

❖ **中班**

——健康

1.经常保持愉快的情绪，愿意和亲近的人分享自己的情绪。

2.能较快适应季节和生活环境的变化，不常生病。

3.能够自己穿脱衣服和袜子，整理自己的物品。

4.有自我保护意识，能认识安全标志，知道求助和躲避危险。

——语言

1.能有意识地倾听他人说话，并能够判断语言中的情绪。

2.愿意与他人进行语言交流，表达较连贯。

3.对他人说的话有回应，能根据场合控制声调，能主动使用礼貌用语，不说粗话、脏话。

4.喜欢反复看自己喜欢的书，愿意用语言进行讲述，表达自己的想法。

——社会

1.愿意主动参加幼儿园、社区里的群体活动。

2.感受规则的意义并能遵守，知道说谎话是不对的。

3.接受任务后会努力完成，有节约意识。

4.喜欢自己的幼儿园和班级，了解自己是中国人。

——科学

1. 喜欢接触新鲜事物，爱提问题，愿意动手、动脑并乐在其中。

2. 能够大胆猜想，通过观察对比发现事物的相同与不同。

3. 能够感知、探究自然、科学现象，发现自然、科学与人之间的关系。

——艺术

1. 喜欢大自然中的美并关注其色彩和形态，喜欢听好听的声音，对声音有辨识能力。

2. 能够专心地欣赏艺术表演并进行模仿和参与，能够对艺术品产生联想和情绪反应。

3. 喜欢唱唱跳跳，愿意参加表演活动，能用绘画、泥工等方式表现自己的所见所想。

4. 愿意参与艺术创作，掌握简单的艺术知识和方法，自信地进行艺术创作。

❖ 大班

——健康

1. 经常保持愉快的情绪，能够用适当的方式表达，并调整自己的情绪。

2. 能较快适应季节和生活环境的变化，有健康的体魄。

3. 能根据天气变化增减衣服，按类整理物品。

4. 懂得一些安全知识，遵守基本的安全规则。

——语言

1. 能注意倾听他人说话，听不懂时能够提出疑问。

2. 愿意与他人讨论，表达有序、连贯、清楚。

3. 能积极主动地回应，不随意打断他人说话，在他人难过时会安慰。

4. 喜欢看书，愿意与他人讨论，了解一些符号和文字。

——社会

1. 在群体生活中积极快乐，对小学生活好奇并向往。

2. 理解规则的意义，能够与同伴协商制定规则并遵守。

3. 做错事敢于承担，爱惜物品，能认真负责地完成接受的任务。

4. 愿意为集体做事情，有集体荣誉感，知道自己的民族，并为自己是中国人感到自豪。

——科学

1. 能动手、动脑寻找问题的答案，对通过努力找到的结果感到兴奋和满足。

2. 能够结合探究的问题制订简单的计划并与同伴合作。

3. 初步了解人与自然的关系，并珍惜生命、保护环境。

4. 能用了解的科学、数学知识解决生活中的小问题，并感到快乐。

——艺术

1. 喜欢收集美好的事物，能发现其中的美并产生联想。

2. 在艺术欣赏中愿意表达自己的理解，喜欢与人交流自己的艺术作品和美感体验。

3. 积极参与艺术活动，会使用多种工具材料，能够独立完成或与同伴合作完成创作。

4. 能够运用掌握的艺术知识主动创作，并用自己的艺术作品布置生活环境。

第三节　课程的实践体系

苏霍姆林斯基认为，艺术教育可以使人能够"享有一种多方面的完满的精神生活"。他倡导要"全面地发展每个学生的个性，发现他的禀赋，形成对艺术创作的才能"。他认为，艺术教育的最终目的是为了实现美育，"美是道德纯洁、精神丰富和体魄健全的有力源泉"。他十分注重培养学生美的情感和塑造他们美的心灵，并提出了进行美育的多种多样的途径和手段，如通过观赏大自然感受美，通过文学艺术作品鉴赏美，通过动手劳动创造美等，甚至要求儿童重视衣着美和仪表美。总之，在整个教育过程中，美育应随时、随处进行。

美育不仅仅存在于西方哲学之中，中华美育精神更是数千年来中华多民族生存境遇及其共同价值体系长期孕育的结晶，凝聚着中华民族优秀文化传统的精华。在中国古代，传统文明被称为礼乐文明，文化被称为礼乐文化，美和艺术构成了礼乐精神的本质和灵魂。以美和艺术为基础的美育的价值，不单是陶冶性情，更代表中华文化的核心价值。进入新时代，习近平总书记提出了"弘扬中华美育精神"的崭新时代命题，强调培根铸魂的重要使命要从孩子抓起，让更多的孩子能从小就能接触到高雅的、美的艺术。中华美育精神强调要知、情、意、行相统一，这里的"行"，即强调美学和美育的实践品格。

　　幼儿园融和多元文化视角下对美育的认识，根据幼儿园的现实条件以及幼儿的年龄特点，形成了独具幼儿园教育特色的课程内容结构以及实施途径。

课程的结构设置

　　新中街幼儿园根据幼儿园的地域资源、历史传承、教育特色以及教师的专业特长，在"美善教育"的引领下，构建了"美善课程"的结构，具体包括"美身心　善之行——阳光健康课程""美传承　善品德——传统文化课程""美多元　善交流——国际理解课程""美表达　善创造——生态艺术课程"四大板块。每个板块又包括一系列具体的特色课程，由面及点，层层推进，逐步落实美善课程的目标体系。

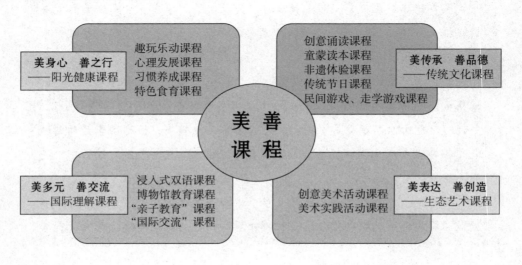

❖ **美身心 善之行——阳光健康课程**

世界卫生组织提出"健康不仅是躯体没有疾病，还要具备心理健康、社会适应良好和有道德"现代健康理念。依据上级工作精神，幼儿园注重提高师幼身心健康水平和社会适应能力，多年来始终坚持"健康第一"思想，相继开展了"美术活动中促进儿童心理健康成长"市级课题研究；"比比和朋友——缓解幼儿不良情绪"市级课题研究；"中医养生理论与饮食调配"儿童季节时令养生食谱研制；男教师团队完善幼儿个性品质，培养健康游戏实践探索；多样性趣味材料在户外活动中的应用；应对雾霾，适宜室内开展的游戏创编等一系列促进幼儿身心健康成长的教育实践探索活动。形成了以运动养身、情感养心、生活养行、饮食养生为基础理念的"美身心 善之行——阳光健康课程"，包括趣玩乐动课程、心理发展课程、习惯养成课程和特色食育课程。

❖ **美传承 善品德——传统文化课程**

中华优秀文化是宝贵的教育资源，幼儿园结合幼儿的课程、游戏、节日、饮食等内容，充分挖掘中国传统特色教育资源，如：结合中国传统佳节对幼儿进行节日风俗教育；结合节气的变化让孩子知道如何进行自我保护及享受具有节气、节日特色的美食；通过老北京特色游戏区的开展，让孩子们了解北京的人文文化等，让孩子们感受到中国传统文化的魅力与巨大吸引力。同时，幼儿园还将这些资源在四址共享，充分体现了幼儿园课程的融合和在园内的最大化利用，形成了"美传承 善品德——传统文化课程"，包括创意诵读课程、《童蒙读本》课程、非遗体验课程、传统节日课程、民间游戏课程、走学游戏课程。

❖ **美多元 善交流——国际理解课程**

2010年，教育部出台的《国家中长期教育改革和发展规划纲要》中曾明确提出：各级学校要"加强国际理解教育，增进学生对不同国家、不同文化的认识和理解"。国际理解教育是围绕"国际理解"这一概念进行各项教育活动的总和。国际理解教育理念由联合国教科文组织正式提出，并以责任、公正、平等、自由、包容、和解、人性等为核心价值，倡导加强不同文明、文化之间的相互理解、相互尊重和相互借鉴，以构建更加包容的世界，促进世界和平、合作与交流，建设人类共同的美好未来。在21世纪的今天，全球化步伐加快，开展国际理解教育已经成为时代发展与人才需求的必然。与时代相同步，幼儿的成长环境也越来越开放，他们有很多机会接触到外国的小朋友和外国友人，还能通过电视、网络、旅游、餐饮等多种渠道接触多国文化。在幼儿阶段开展国际理解教育，引导幼儿从小正确理解、接受不同国家文化的现实意义愈加凸显。因此，幼儿园结合实际情况，以开放包容的态度整合教育资源，形成了"美多元　善交流——国际理解课程"，包括浸入式双语课程、博物馆教育课程、"亲子教育"课程、"国际交流"课程。

❖ 美表达　善创造——生态艺术课程

"美表达　善创造——生态艺术课程"是以艺术为基点，让儿童在自然、社会与人相互贯通的生态关系中，通过感观、知识、情感等之间的碰撞产生智慧，激发人的感悟力、想象力、鉴赏力和创造力的教育活动。课程建设注重不同学科之间以生态的方式相组合，如美学、艺术史、艺术创造等学科，呈现出综合性、开放性、多样性的特征，形成了"美表达　善创造——生态艺术课程"，具体包括创意美术活动课程和美术实践活动课程。

课程的组织实施

课程实施是实现预期教育结果的手段。为了保证课程实施的有效性，必须正确认识课程实施，承认课程实施是一个灵活的、动态性的过程，教师在课程实施的过程中要充分发挥自主性。在此，对园所课程的整体实施进行简单的阐述。

❖ 美身心　善之行——阳光健康课程

幼儿园在实施"美身心　善之行——阳光健康课程"的过程中，注重体育活动的创新性以及趣味性实施，同时关注积极健康心理与良好行为习惯的养成，使幼儿能够悦己之美、悦人之美、悦生活之美、悦自然之美，形成善的品质与习惯。

趣玩乐动课程——运动养身

"运动养身"，即培养运动兴趣、增强身体素质，科学开展符合幼儿生长发育规律的体育活动。

1.兴趣引领

"兴趣是最好的老师"。依据幼儿心理特点，以趣激情。设计开展"体态律动""趣味健身""魔力材料"等形式多样的体育活动。

①趣味体态律动

趣味体态律动即引导孩子将身体视为乐器，在体操、游戏、综合体能活动中，运用肢体动作表现音乐节奏，提高锻炼兴趣。如：小班体操串烧。选择短小、鲜明的音乐作为衬托，依据节奏变换动作。快慢不同、变换方向的动物原地跑跳、行进跑跳等，减少小班幼儿体位疲劳，吸引他们保持愉悦情绪，促进动作协调发展。大班综合体能活动，借助器械体操结束后，教师引导幼儿借助手中器械，在欢快、富有节奏感的儿歌衬托下，进行走、跑、跳等综合体能素质锻炼。增强运动密度，促进动作协调、灵活发展，培养等待、轮流等良好品行。

②魔力游戏材料

运用可变、多用、重组性强、易拆卸的材料，实现一物多玩，引发幼儿自主探索和进行创造性的游戏愿望。如：薯片桶、纸卷芯制作的跨栏，可以单个摆放连续跨跳、可叠高摆放挑战不同高度原地跳、多个摆放曲线跑。多变的材料极大地调动了幼儿参与游戏的兴趣。

一物多玩——一种玩具可以变化不同的玩法。如自制玩具"拖拉狗"，小班的小朋友可以拉着狗头上的绳牵着小狗跑，也可以练习从小狗的身上跳过去，小狗的腿可以通过增加酸奶盒盖的数量不断提高其身体高度而练习立定跳障碍。

一物多变——设计适宜不同班幼儿或同年龄班不同发展水平的幼儿使用的材料。如"彩虹桥"有高有矮，幼儿可以根据自己的能力选择高矮和数量不同的材料练习从高往下跳或跨跳，充分发挥幼儿活动的自主性。

富有趣味——材料的设计体现锻炼动作的目的，幼儿在锻炼中通过按、转材料的某一部位使其有变化，增强锻炼的兴趣。如用油桶制作的"跳舞小人"，有的可以身体转动、有的在其身上设置了一个机关，按一按就发出响声，幼儿在练习单脚绕物跳时，可以边跳边操纵可变化的小人增加兴趣、减轻疲劳、增强意志品质。

支持自检——材料中隐含不同班幼儿跳跃动作发展标准，幼儿可自纠动作或自检是否达标。如自制材料"小兔跳毯"，跳毯上的小兔子手拿高矮不一的气球，矮气球是小班立定跳远的达标标准90厘米，高些的气球是中班标准105公分，最高的气球是大班的标准120厘米，幼儿通过材料自检是否达标，使幼儿在与材料互动中主动参与，实现跳跃动作发展的目的。

安全易收——通过拆卸、卷起、套放、叠摞等减少放玩具的空间。如自制材料"蓝蓝的小河"，使用纱网或塑料制作，可以将其卷起收放；"跳箱"可以大套小收放等，幼儿玩得方便，收放起来也很自如，不过多占用放玩具的场地。

2. 科学导航

幼儿身体各器官、系统处于发育过程中，机体组织比较柔弱、不够成熟，机能不够完善、易受损伤，生长发育存在较为明显的个性特点，幼儿园以保证安全为基础，开展循序渐进的科学锻炼。

①"循序渐进"的锻炼原则

运动量从弱到强，运动时间从短到长。待运动负荷达到一定程度，教师会通过游戏，如：拍手接物、吹气球等方式，引导幼儿进行养护放松。

②开展"因人而异"的个性运动

在学前科引领下，幼儿园深入挖潜男教师创造、带动性强的优势，积极开展"因人而异"的个性运动。

例如：肥胖的孩子不爱动，是个老大难问题。男教师注重引发运动兴趣，与胖宝宝开展"双十"活动，即：上午"十分钟搏击操"；下午"十分钟行进拍球、跳绳、踢毽"等有效提高有氧代谢、分解脂肪、消耗热能的互动，每日坚持，逐步达到减肥目的。

踢足球、打篮球，都是男孩子最爱的运动。男教师发挥特长，带动小朋友一起在运动场进行男子汉的运动。团队对抗游戏增强了幼儿身体的灵活性、协调性，培养了合作竞争意识。

③实施"灵活多样"的活动方式

面对天气变化和气候变化，采取"灵活多样"的活动方式，如：室内音乐律动、音乐游戏、多媒体体感游戏、儿童趣味瑜伽等，确保空间场地、游戏内容满足幼儿运动需要。教师自创改编了适宜室内开展的各类活动项目，达到与室外接近的运动量，让孩子运动不受季节、天气的影响。

趣味、科学、个性化的体育锻炼，使幼儿身高、体重增长均达到中上水平，年传染病发病率低于3%，卓有成效地提高了幼儿身体发育水平，促进健康成长。

心理发展课程——情感养心

积极健康的心理是幼儿快乐成长的基础。幼儿园为孩子提供自由交流的机会，开展体验式活动，让孩子在听故事、做游戏中"学会倾诉、排解愤怒、有效沟通、结交朋友、面对改变"。

幼儿园开展"美术活动中促进儿童心理健康成长"的研究，倡导教师通过对幼儿美术作品进行分析，了解儿童绘画语言和心理活动，有效进行指导。如：以往孩子在绘画时如果画了黑色的太阳，教师往往会提示孩子"颜色不对，太阳是红色的！"现在教师观察到这一现象，不会急于让孩子改颜色，而是会问问：你的太阳为什么画成黑色的了？能给我讲一讲吗？教师从重结果转变为重过程，从重成效转变为重想法。研究中，教师研发出"刀叉勺畅想曲""宝葫芦的秘密""长长的""瓶子旅行记"等具有创造力的系列课程，引导孩子运用美术方式表达自己的心声。

教师们在班级中创设了"心情调查""开心一刻"等互动墙饰，孩子们可以随时把自己的心情、身边发生的有趣的事情以图幅的形式标注在名字旁边。教师会随时关注，从中了解孩子的情绪状态，采取适宜方法了解缘由，帮助幼儿舒缓情绪。

班级区域中设置"悄悄话"小屋，为孩子提供和同伴讲述心里话的私密空间。

习惯养成课程——健康养行

1. 循循善诱习美行

叶圣陶先生说过："好习惯养成了，一辈子受用。"好的行为习惯对于幼儿来说非常重要。幼儿园探索总结出适合幼儿学习特点、年龄特点的"四法育美行"学习策略。采取适合不同年龄、不同性格特点、不同经验水平幼儿的方法循循善诱，呵护童心，培养幼儿美行。

①儿歌指导法。选择内容具体明确、语言通俗易懂的引导性儿歌，激发幼儿学习儿歌的兴趣。如：叠衣服儿歌：门儿关关、袖儿抱抱、头儿点点、腰儿弯弯。幼儿边听边看教师操作就能学会。

②情景学习法。与美行相联系的生活情景或角色的讲述让幼儿易于接受。

如：民警入园讲述安全座椅的知识，幼儿专注地听民警描述坐安全座椅和不坐安全座椅的后果，纷纷表示回家要告诉爸爸、妈妈自己外出时要坐安全座椅。

③环境导向法。环境潜移默化地影响幼儿的行为。如：小班幼儿洗手常常弄湿衣服。为此，教师在水池边摆放毛巾用来吸水，防止衣服被湿。当幼儿看到毛巾时，能注意开水量、身体不贴近水池，主动保持衣服的干净。

④规则建立法。幼儿自己讨论出的结果更容易遵守。如：如何将衣服取放整齐？问题抛给幼儿，幼儿在讨论与尝试中总结出按组摆放，每组按从大到小落放、值日生取放等常规，当幼儿忘记时，幼儿能相互提示。

2. 多元手段促养成

幼儿良好行为的形成需要一定时间的培养，幼儿园通过多种习惯养成课程促进幼儿良好习惯的养成。

①荣誉激励，教师注重正面引导幼儿。值日生——通过轮流值日，鼓励孩子主动、认真、有条理地做事。奖品变变——以每天小奖换取每周中奖、每月大奖，激励幼儿不断巩固良好的行为习惯。

②活动强化。通过多元活动内容，强化好行为。生日会——关注自己成长，感受同伴快乐。参加社会公益募捐——在孩子幼小心灵筑牢关爱、感恩与分享。升旗活动——培育幼儿热爱祖国的情感。每周一歌、情景剧表演——激励幼儿做文明守礼好儿童。

特色食育课程——饮食养生

饮食养成课程，即食育课程。所谓"食育"，就是良好饮食习惯的培养教育，是从幼儿期起，给予食物、食品相关知识的教育，并将这种饮食教育延伸到艺术想象力和人格培养上。在实践中，这种颇为有趣的"食育"很易被儿童所接受，故在家庭和幼儿教育机构中得以迅速推广。幼儿园注重食育课程，形成了"科学配膳、平衡营养、合理烹调、时令养生"的膳食特色。

1. 提供均衡营养膳食

幼儿园宝宝正处于迅速生长发育中，营养需求更加丰富。根据儿童特点制定合理的"幼儿园代量食谱"，保健医生定期对全园幼儿膳食营养进行调查与分析，及时调整食谱。不仅营养齐全，而且符合幼儿生理需要，增强了幼儿进餐兴趣，使食物中的营养全面、平衡。

2. 提供美味艺术膳食

在膳食管理中，除了做好营养、能量之外，幼儿园还在注重色、香、味的基础上，体现美的造型艺术，利用餐点色彩搭配、形态的变化，将"美善文化"融入幼儿膳食中，构建园所饮食特色，将饮食的关注维度由"色、香、味"三种丰富到"色、香、味、意、型、养"6种，使健康的营养常识自然渗透在孩子的一日三餐中。在幼儿进餐的同时，让幼儿体会到园所饮食艺术化理念，也让幼儿感受到美的教育。幼儿饮食不仅要吃出健康，更要吃出"品位"。如：蒸制的小青蛙、小金鱼、小猪脸，烘焙的米奇酥、花色桃心酥等栩栩如生、姿态各异；黑色的木耳、红白相间的茄汁虾球、翠绿的叶菜、味道独特的香芹等，各种生动的花样，造型美观，甜度适中，从而激发孩子食欲，孩子都被巧妙的色彩搭配、童趣可爱的造型所吸引，偏食、拒食的现象越来越少。同时，幼儿园在面点里添加不同的馅料，补充钙、磷、铁及多种微量元素，保证饮食的营养。特别是在儿保所专家指导下，幼儿园研制出四季养生汤，通过饮食的科学调配降低幼儿患季节性传染病的概率。

3. 提供时令养生膳食

依据"食医同源"的饮食理论，在中医专家的指导下调制食物。配合儿童所需要的营养素，对儿童四季养生菜品、汤品进行研究，以保障幼儿的健康。主要根据四季气候变化和幼儿生长发育特点，科学精心地安排每个季节的养生汤，使幼儿身体顺应四季的规律，适应寒热温凉的气候变化，保持身体健康。

4. 提供各国美味膳食

在开展国际化教育过程中，幼儿园将西方美食融入在日常饮食中。如：山姆通心粉、夏威夷风情披萨、鳗鱼寿司卷、爱琴海蘑菇、法式可丽饼等。每月开展中西自助活动，品尝美食的同时学习西餐礼仪，了解世界文化。

5. 开设节日餐点

幼儿园充分利用不同节日的特色饮食进行节日教育。如冬至的四彩水饺、端午节的蜜枣粽子、六一儿童节的缤纷棒棒糖饼干、中秋节的豆沙莲蓉月饼、万圣节的椰奶粒粒香、圣诞节的圣诞树沙拉等。

❖ **美传承　善品德——传统文化课程**

中华优秀传统文化博大精深，无论是饱含哲理和道德意义的国学经典，还是充满劳动人民智慧的民间工艺，或是凝聚着深厚文化底蕴的古老建筑，都具有深刻的教育意义，可是，将这些民族之智慧、中华之精华运用到幼儿教育的过程中，还是发现了一些问题。教育是为了什么呢？仅仅是把这些东西灌输到幼儿的记忆中吗？答案是否定的。更重要的是需要以一种润物无声的手段，让一切发生在幼儿的生活中，让幼儿了解中华优秀传统文化，去认识它的美好，感受它的美好，从而学会欣赏与表达它的美好，在心中印上锦绣中华的文化纹路。

比如，剪纸活动。幼儿园在进行儿童无稿剪纸的研究中，教师们发现孩子的剪纸水平高低，是孩子手、眼、脑协调配合的结果。小朋友喜欢的剪纸题材源于他们生活中熟悉的事物。结合幼儿特点，幼儿园进一步思考，开展剪纸活动的目的是什么：是让孩子学会一样技能？还是让孩子了解中国的民间传统艺术，喜欢剪纸活动？教育需要孩子在活动中获得什么：是学会剪一样东西？还是通过自己的探索获得快乐、自信，积极表达自己的思想？

通过讨论，教师们意识到，对于孩子的成长来说，后者要比前者更为重要。于是教师将以往研究"怎样教"，转为研究儿童应该"怎样学"；将追求新、奇、特的教学题材，转为选择贴近儿童实际生活经验的创作内容；将追求教学中重知识技能的传授，转为在活动中对儿童实际水平的观察和了解，并从中发现技能的提升点；将关注活动的结果，转为关注儿童的能力水平、兴趣点、专注度和儿童独到的想法；将以往教师出于职业需要给孩子评价一个无目的的"好"字，转为通过与儿童的沟通理解儿童创作意图后，由衷地表示赞赏；将以往从成人角度选择优秀作品（绘画技能好的）进行展览，转为每一位儿童的作品展览，并附上小作者的创作故事，让儿童产生自信的同时学习别人的优点。让儿童在没有统一评价模式基础上进行自主大胆地创作，既让儿童对这门艺术产生浓厚的兴趣、好奇与探索，又使儿童在浓郁的中国传统艺术中受到熏陶，更是对中国非物质文化遗产更加广泛而深刻的传承。

通过这样的活动，孩子们不仅更加喜爱中国的传统艺术，重要的是通过活动逐渐将孩子培养成善于观察、乐于思考、勤于动手、愿意表达的具有优良学习品质的未来人、世界人。因此，幼儿园整合优秀传统文化教育资源，全面实施"美传承　善品德——传统文化课程"。

【创意诵读课程——品味经典 诵读启智】

让孩子在最宝贵的年龄读最有价值的书。

①选择适宜的诵读内容

国学的范畴很广，依据仁义礼智信的育人思想，结合《幼儿园教育指导纲要（试行）》《3—6岁幼儿学习与发展指南》等目标和现今社会品德培养等内容，将其分为友爱、礼仪、诚信、习惯等适合幼儿园小、中、大不同年龄班学习的内容，从中选出古诗词、童谣、民间传说、成语故事、名人名圣、汉字识读六大内容，开展国学教育。

根据小班幼儿喜欢情节性强、贴近生活、内容简短的内容的学习特点，教师们选出了古诗《农家望晴》。引导幼儿知道农民伯伯种粮食不容易和感受农民期盼庄稼成熟的热切心情，由此让孩子们了解爱惜粮食的重要性；中班幼儿的学习特点明显高于小班，更能联系自己的生活和学习。教师们选择了童谣《五月五》并结合传统节日端午节来了解端午节的由来、习俗。童谣朗朗上口，适合中班的幼儿边学边结合日常生活进行了解；大班的幼儿生活经验逐渐丰富，情感发展比较完善，良好的意志品质不断发展。教师选择积极向上的正面素材引导幼儿养成良好的品行。如成语"愚公移山"就是学习坚持不懈、不怕困难的意志品质，并且可以迁移用在自己的学习和生活中，为今后的学习和生活打下基础。同时，幼儿在与家长同台演绎古代励志人物，与伙伴共诵趣味故事，欣赏非遗传人表演的民间游戏、艺术家演奏民族乐器时潜移默化地感受文明古国的文化内涵，在渗透中培养孩子成为懂礼貌、讲文明、守规则的现代北京好儿童。

②多样诵读游戏培养兴趣

幼儿园组建了诵读研究小组。为了让孩子们会读、爱读，针对声韵、体例、语言内容等开展了儿童诵读的研究，梳理出4种诵读方式。

"声律诵读"，培养幼儿对诵读韵律的感受和体验。

"接龙诵读"，调动幼儿诵读的动力，在接龙中发现诵读的乐趣。

"配对诵读"，让孩子发现上下句之间的联系。让枯燥的诵读成为孩子喜爱的游戏之一。

"亲子诵读"，发挥家长的教育主体作用，在家庭中结合生活琐事诵读，感受其中的内涵。

③一日生活渗透诵读

"细节决定成败"。习惯的力量是巨大的。幼儿园注重将国学经典中的良好品质渗透到一日生活中，在孕育国学的氛围中培养孩子的习惯，使之成为一种自觉。幼儿园充分发挥每一寸时间、空间的教育价值，使每一个教育环节起到润物细无声的作用。培养孩子良好的道德品质，提升孩子的儒雅、淳静气质，为孩子以后的"勃发"蓄积力量。

晨间，孩子们踏着民间古典音乐走进幼儿园，开始一天快乐的生活；早操，将国学经典《三字经》融入其中，家长和孩子通过肢体的舞动感受国学的韵味；趣味诵读时间，教师将古诗《咏鹅》《春晓》创编了一个个形象有趣的手指游戏，带领孩子们学学玩玩，体验经典古诗的魅力。

点滴细节教育更是教育的最关键时机。幼儿从细节养成良好的行为习惯，如进餐时教师会用"——谁知盘中餐、粒粒皆辛苦"或"对饮食勿拣择"，暗示孩子们养成良好的饮食习惯。进餐完毕的小朋友会起身轻声地和同桌小朋友说："我吃好了，请慢用。"传递自己的关心。如厕后践行着"便溺回，则净手"，在与同伴玩耍时感受"凡是人，皆须爱"，真正让国学内容指导孩子生活，让良好习惯伴随孩子一生。

《童蒙读本》课程

国学经典是中华民族历史上道德传承、各种文化思想、精神观念形态的总体。其中蕴含着丰富的立身处世之道，至今仍滋养着中国人的精神。从小学经典，对幼儿形成正确的人生观、价值观具有重要的意义。根据幼儿的年龄特点以及成长规律，幼儿园对国学经典进行了筛选，选取了由教育部关工委编撰、教育科学出版社出版的适合幼儿发展的《童蒙读本》，与幼儿园日常教学相结合，探索并形成了《童蒙读本》幼儿国学课程。

1.《童蒙读本》的"一书三用"

第一用：孩子用

"随意翻阅　主动发问"。孩子以具体形象思维为主。拿到书后，幼儿首先会被书中的照片、图画所吸引，会告诉成年人他们感兴趣的部分，还会提出自己想了解的问题。家长或教师可以用三言两语帮幼儿去了解，这就是孩子的一种学习形式。

"开心诵读，感受韵律"。利用不同的时间段让孩子们诵读，不要做过于深奥的解释，让孩子感受古文的韵味。随着年龄的增长和社会经验的丰富，或遇到类似的事情和感触时，幼儿就会调动曾经的记忆，进行真正意义上的理解。幼儿园每天有专门的十分钟诵读时间，时间根据班级教师的一日整体安排为主。

第二用：家长用

"实用的再学习"。家长和教师在本书的使用中有一个共同点就是"再学习"。在读本中，有些是教师和家长们熟悉的内容，但也有许多内容、典故、由来是大家陌生的。在成人阅读时，会发现有很多内容自己并不是很了解，所以在陪伴孩子学习时，成人也同时进行着再次学习。如果能够很好地利用这样的机会，会让家长感受到像伙伴一样和孩子共同学习的快乐。

第三用：老师用

"兴趣的引领者"。作为幼儿教师，一定不能像教语文一样逐字逐句地给孩子做解释，这样会打消孩子学习的兴趣，让学习变得索然无味。想要用好这本书，教师第一时间想：这本书里有哪些是小朋友喜欢的？有哪些是他们能理解的？还有哪些是这本书上没有而又能够结合书里的内容继续用的？应该用什么有趣的方法让孩子学习和了解？在诵读的环节不可以死记硬背，更不能有考查测试，建议用每天餐前、生活环节的过渡、离园前等短小的时间和孩子们做简短诵读。读本中的一些内容可以融入幼儿园五领域的教学活动，设计成有趣的情节和游戏，让孩子理解和学习。还有些可以利用家园共育的形式，让孩子们在实践中感受。让孩子们提到国学活动就很愉悦，感到很有趣，就能达到一个好的教学效果。

2.《童蒙读本》课程的"三个注重"

《指南》中说到要培养孩子的学习兴趣和学习品质。那么在《童蒙读本》的使用上就要思考，采用的教育方式是否能够保护幼儿的学习兴趣和学习品质，让幼儿乐学、爱学、主动学。所以在使用《童蒙读本》时要注重以下几点。

一是注重不能有核心理念上的错误。在读本的每一个章节都会有其核心理念，而这种核心理念是引导孩子的认知和言行举止的。比如："孔融让梨"这个故事，它给出的核心理念就是谦让，让孩子知道适度的谦让是美德，用简洁的语言，结合孩子的生活经验和孩子讨论，什么时候需要谦让，帮助幼儿理解，千万不要让孩子片面地理解成吃东西时就一定要吃最小的。

二是注重调动孩子已有的生活经验。小朋友认识事物是直观形象的，如果教师们只是处在一个说教的层面，孩子会感到无趣，要在孩子生活、学习经验的基础上开展。

例1：

有一讲的内容是"稻粱菽，麦黍稷"，就是孩子们吃的五谷（稻：稻米、大米；粱：小米；菽：豆类；麦：大麦、小麦……），那么，就建议教师利用吃饭的时间，向孩子们介绍他们吃的主食。鼓励孩子爱惜粮食、不挑食，也同时带出一句《三字经》的原文，这时可以告诉孩子他们吃的是这五谷中的哪一样，孩子们就边吃边记。同时利用每班的自然角开展种植活动，和孩子了解粮食作物的生长和变化，记录植物生长的过程，充分利用春游、秋游等活动，让孩子体验播种、收获。教师善于将生活情境与《三字经》进行有机的联系。

例2：

第二部分，有一些节气的认知还可以利用传统节日开展有趣的教育。如阴历二月初二"龙抬头"，教师引导孩子和家长关注，这一天大家都吃了什么？都做什么了？大家可以在班级的微信群中晒晒每个人都是怎么过的，如：理发的幼儿分享理发时的心情和发型；了解这一天吃饺子，要把饺子叫龙耳；吃烙饼要在饼上印一些花纹叫龙鳞饼，其实这就是对中国传统节日文化的学习，它并不复杂，也并不是给家长留很多额外的任务，而是教师要有意识运用这些中国传统的节日来进行活动的设计。

例3：

教师还可以利用孩子的日常生活环境进行渗透式的影响。如运用幼儿园楼道、院落的环境，融入幼儿近期学习的内容，孩子在散步、游戏时就能够有所互动。利用区域游戏，让孩子在玩儿中进行再次学习和了解。但一定要注意环境和游戏的变化性，不可以一成不变。

三是注重避免枯燥，以兴趣为主。活动形式应灵活多样，引导孩子主动参与，利用故事、游戏、表演、动画等形式，引发幼儿的学习兴趣，切忌枯燥地学习。

3.《童蒙读本》课程的组织与实施

——活动前对教材的分析和选择

一是整体分析，寻找内容。教师对教材进行整体的阅读、分析，找出适合班级孩子理解的、可以进行集体性教育活动的内容，例如小班阶段："曰笔墨，曰纸砚，此四宝，藏文房"等都是很好的集体性的教育素材。二是结合经验，选择内容。选择内容时，结合幼儿日常生活、节日、孩子感兴趣的内容，例如："昔孟母，择邻处，子不学，断机杼"，就是结合农历四月初二开展的中华母亲节而配合学习的内容。借着开展爱母亲的情感教育，自然地融入《三字经》的学习，了解和感受母亲对自己的爱，培养孩子爱妈妈的情感。三是分析价值，筛选素材。仔细研读教材中提供的内容，筛选可以支持集体活动的素材，使集体活动更加丰富。

——设计活动过程原则

一是适宜性原则。只有适宜的才是最好的。因此，教师在选择教育目标和内容的时候，不要照搬书上的，可以借鉴，但一定要考虑自己班幼儿的年龄特点和实际需要。内容幼儿容易理解，适宜的方法幼儿能够接受。再好的活动不是适合自己的也是徒劳。二是渗透性原则。活动要渗透到幼儿的一日生活中自然进行，课程内容之间也要相互渗透。无论是五大领域课程还是主题课程，都可以讲读本的内容，目标都是相互渗透、相互融合的。三是参与性原则。参与性原则包含两层含义，第一层是指在使用读本时，要注重通过多种途径、策略和调动幼儿的主体参与性，在参与过程中获得体验与发展；第二层是指在活动的过程中，要考虑家长资源、社会资源、同伴资源等多种教育资源的共同参与。四是发展性原则。幼儿教育的最终目的是为幼儿提供发展的途径，使幼儿既获得当前的发展，又有利于幼儿的长远发展。当然，发展不仅仅指知识的丰富，还包括能力的提高、情感态度的改善以及良好行为习惯的培养。

4. 集体活动实例剖析——昔孟母，择邻处，子不学，断机杼

①设计前——理解

从教师角度，了解《孟母三迁》的故事，与即将开展的中华母亲节之间建立联系：定位的角度是母亲而不是其他，仉氏生孟轲才成为孟母，因此孟母生孟子之日是标志。中国传统称自己的生日是"母难之日"，称"母难"，表明自己生日不忘母亲养育之恩。以孟母生孟子之日作中华母亲节，推而广之，每个人在欢度自己生日时都要感恩生养我们的母亲。

②活动准备——充分

经验准备：妈妈的名字、喜好，知道姥姥、奶奶、姑姑等有孩子的都是妈妈。

物质准备：有关孟母三迁的动画片、PPT游戏材料。

③活动过程的组织——多样

一是采取生动的方式，引导幼儿理解所诵读的内容。二是利用大班哥哥姐姐的表演，引导幼儿了解故事的内容。（小班孩子年龄小，通过真实的表演，孩子能够直观地了解故事的人物、内容和所讲的道理，这样不仅使小班孩子了解了故事，还发展了大班孩子表演、口语表达等能力的发展。）三是利用照片，讲一讲自己的妈妈。（说一说妈妈是怎么爱自己的。不仅可以调动幼儿对妈妈的情感，还能够发展语言表达能力。）四是集体诵读读本，形成记忆。五是表达自己对妈妈爱。（利用分组式的活动，鼓励孩子自己选择喜欢的方式，表达自己对妈妈的爱，如：绘画制作、微信、舞蹈表演，这样自由、自主地表达和表现。）

④活动后的延伸——体现家园互动

一是及时和家长沟通在幼儿园组织的活动，取得家长的配合，了解孩子通过活动，回家后是怎么和妈妈表达爱意的。二是开展系列家园互动和日常渗透活动，如利用拍摄的形式，幼儿将自己想说的话用视频记录下来，形成"爱的录音"；帮妈妈做一件小事情，用相机或者手机记录下来，教师将素材编辑到一起，制作成视频进行分享；离园后，以"母爱"为主题，通过歌曲、朗诵、亲子合唱等形式开展20~30分钟亲子感恩活动。

5. 注意有效利用身边的社会资源

幼儿园的教育不仅仅只限于在幼儿园内部开展，同时也可以"走出去""请进来"。如：召开家长座谈会，让家长了解孩子的活动以及教育目的，和家长共

同挖掘身边可利用的教育资源，比如不同职业的人、对传统文化有造诣的人等。比如有的家长是足球运动员，请他来跟小朋友玩足球，在读本里就有关于蹴鞠的内容，结合读本了解战国时期汉族民间就流行娱乐性的蹴鞠游戏，师生、家长共同学习蹴鞠的起源和发展，让孩子亲身感受蹴鞠游戏，培养对足球游戏的兴趣。或者利用身边的博物馆开展教育，带孩子身临其境去看看，了解背后的故事，会给孩子留下很深刻的印象。

6. 以研促教，开展《童蒙读本》课程

一是建立研究团队。结合教师的特色和兴趣，组建一个人员固定的研究小组，便于今后工作的开展，也是课题研究的重要保障。二是找准研究点。结合自己幼儿园的实际情况，以及对这个课题的认识和理解，要找好适合自己幼儿园研究的点。三是要做好前期的调查和了解。对家长、幼儿和教师，结合研究点先进行前期的调查，然后进行数据的梳理，为幼儿园的深入研究打好基础。四是开展定期的研讨交流。在研究的过程中，一定要有定期的交流，这样可以及时地把研究过程中的问题进行讨论和解决，将做得好的方法进行分享和梳理。五是注意过程性资料的收集。如：教案、照片、录像、音乐等一定要及时梳理，在总结的时候，便于拿出很多鲜活、生动的研究成果。

非遗体验课程——非遗传承 心手相传

南锣鼓巷是传统文化的聚集地，幼儿园深挖丰厚的传统文化资源，依托"文化育情"，携手七位非遗传人，开设了非遗课程。"叫卖艺人阿龙""剪纸王""面人张""太极传人"等先后走入幼儿园，在与大师零距离接触中，孩子在充满敬意与好奇的心情中积极地学习、体验，民俗文化带给孩子不一样的成长。

剪纸艺术是国学核心元素之一，也是培养幼儿热爱生活、提高审美能力的有效途径。

生态式艺术——无稿剪纸，让孩子们在做中学、玩中学。教师们在姚兵岳老师的引领下，研究孩子的学习特点，探讨适宜的教育方法与途径，让孩子在充分发挥天性的基础上，极大地激发了想象力与创造力。大班的幼儿喜欢用语言与他人交流，开展了"成语剪纸"活动，"守株待兔""自相矛盾"都源于孩子灵巧的手。中、小班幼儿自由地表达自己的情感世界，制作了"什锦炒饭""快乐的蜗牛""贪吃的小鸡"。剪纸让孩子变得更加自信。在传承中，剪纸也成就了孩子热爱生活的美好人生的开端。

同时借助幼儿园身处南锣文化街的地理优势，幼儿园带孩子们走进南锣剪纸王店铺、兔爷专卖店欣赏剪纸，请"剪纸王"走进幼儿园亲授剪纸的方法，一张张生动有趣的剪纸作品《宝葫芦》《吉祥喜庆的兔爷》在孩子们的手中诞生，大大促进了幼儿在艺术领域上的发展。孩子们还将这些珍贵作品作为礼物赠送给首届宋庆龄儿童创意发明奖颁奖嘉宾。

传统节日课程——节日教育　体验践行

传统节日是中华民族宝贵的精神文化遗产，是国学教育中不可或缺的一部分。幼儿园通过"以智践行"引发幼儿在丰富的节日实践活动中感受风俗习惯、礼仪规范，增长智慧。

孔子曰："仁者人也，亲亲为大。"可见，"孝"是中国传统文化的核心。幼儿园借助"中华母亲节""九九重阳节"开展适合不同年龄班的系列活动，在感受妈妈对自己的爱的同时，引导幼儿为母亲说一句话、唱一首歌、做一件事，大胆表达自己对妈妈的爱。

在端午节、中秋节、春节、元宵节，让家长参与到庆祝活动中，大家共同包粽子、做元宵、做灯笼、猜灯谜，共同诵读关于节日的诗句，缅怀前辈，传承精神，筑牢爱国的中华情。

民间游戏课程——传统游戏，玩中成长

具有中国传统文化底蕴的民间体育活动蕴含着中国人民的智慧，融合了中华民族特有的民族气质和文化素养，是幼儿最喜爱的体育活动，它伴随着孩子们童年快乐的时光，对促进幼儿身心发展有不可低估的作用。联盟幼儿园的各个园所或坐落在城市内的四合院，或坐落在传统文化街，浓厚的传统文化氛围是幼儿园开展优秀传统文化教育的优势资源。让幼儿在童年感受优秀传统文化的滋养，享受快乐、健康、充实发展的每一天是幼儿园的发展目标之一。为了彰显小院健康生活的内涵，幼儿园开展庭院传统体育活动，让幼儿在愉快的民间体育活动中健康快乐地成长。

1.利用传统民间体育玩具，促进幼儿身体协调

玩民间体育玩具最大的优势是玩具简便、场地利用不大、简单易学、对幼

儿吸引加强。鼓楼分院地处传统文化街，园本研究的是中国传统文化，借助南锣民间艺人较多的优势，邀请南锣民间花棍队进校园对教师、幼儿进行培训。发挥男教师的优势组成大班花棍队，带领幼儿开展打花棍的游戏，孩子们进行滚接花棍的游戏，在传统打花棍游戏中提高了幼儿的运动协调能力。抖空竹、跳皮筋、滚铁环、投沙包、踢毽子都是孩子们户外经常玩的游戏，在相互切磋技艺中，幼儿的动作协调性不断得到发展。

2. 创编民间体育游戏，赋予老游戏新的玩法

为了提高教师及幼儿学民间集体舞、玩民间游戏的兴趣与能力，在教师中展开了创编民间集体舞、改变民间体育游戏、自制传统游戏材料的评比活动；在幼儿中进行了民间活动展示，各年龄班幼儿纷纷展示自己学会的民间舞蹈、传统游戏、传统玩具。在多彩的活动中，使幼儿感受到传统游戏带来的快乐，习得了勇敢坚强、不怕困难等优良的意志品质。师幼改编民间体育游戏十余个，自制了龙舟、花轿、小老鼠等若干民间游戏材料。

走学游戏课程——角色游戏　习得礼仪

《论语·季氏》中说："不学礼，无以立。"幼儿期是良好文明礼仪养成的关键期。幼儿园深入挖掘内涵，开展了走学游戏课程，采用贴近生活、形式多样、材料丰富的走学游戏，培养幼儿的文明礼仪行为习惯，让幼儿玩中学、学中用，寓教于乐、愉悦身心。

1. 在走学游戏中，"说"出礼仪

中国人讲究"听其言，观其行"。传统礼仪用语言之美，在朴实无华中透着一腔真诚。传统礼俗中诚敬谦让、和众修身的礼仪原则在当代社会仍然值得提倡。如果能做到言之有礼、谈吐文雅，就会给人留下良好的印象。对于年纪小的孩子来说，"请""您好""对不起"这些看似简单的礼貌用语，正是幼儿良好的文明习惯和道德素养的体现。例如，茶香棋社游戏中什么样的待客方式最舒服，什么样的语言最美，什么样的观棋语言最文明等一系列的问题引起了孩子们的讨论。在商量后教师们总结出了很多礼貌用语，开展了"最美服务员"、文明观棋者等评选活动。

语言的变化不仅给孩子们带来了成功感，也交到了许多的朋友。在生活中，一句简单的礼貌用语，就可以给身边的人带来愉悦和温暖。礼仪在教师和孩子

之间相互影响，让更多的小朋友学会正确使用礼貌用语，成为知礼、懂礼的小公民。

2. 在走学游戏中，"做"出礼仪

俗话说："三岁看大，七岁看老。"小朋友从小的习惯养成是很重要的，是会影响其一生发展的。所以行为的礼仪培养就成为幼儿园日常教育中的基础。例如：教师和孩子共同走进南锣的茶社，孩子们被茶艺师优美的动作和轻柔的语言所吸引，很多小朋友纷纷自主学习、模仿起来。弯身鞠躬、双手奉茶、轻拿轻放、轻声品尝。回到班里小朋友们想开设一个"茶社"，来招待幼儿园里的好朋友。于是，幼儿园的"茶香棋社"开张了，孩子们有模有样，动作轻柔优美，茶泡好后，双手递给客人。一时间，幼儿园小朋友间流行起了"学好样"，鞠躬、双手接物、轻声走路等，这些成了日常中孩子们的行为表现。还有很多小朋友回到家中，为爸爸妈妈倒一杯水并双手奉上，这些行为上的改变让家长惊喜，也让礼仪的种子在孩子的心中生根发芽。

❖ **美多元　善交流——国际理解课程**

为了更好地把握现代化、国际化教育的方向，多维度、深层次地了解不同文化下学前教育所具有的特质，幼儿园先后与美、日、韩、丹麦不同国家和地区的教育代表团进行了友好交流。

在对日本东京都藤幼稚园的考察中，幼儿园园长的介绍和对园所环境及幼儿活动的参观，使教师们进一步亲身感受到日本幼儿教育的理念及做法。

在观摩中，教师们发现那里的水龙头都是最古老的拧开式水龙头，灯用灯绳操控。原来教师们的设计是有心的。在声控或感应灯、感应水龙头发达的今天，孩子们不会知晓这是科技的发达给生活带来的便利，而是认为拍拍手灯自然会亮、伸出手水自然会流。为了让孩子们了解电的存在和应用，知晓水龙头的水不是自然流出的，幼儿园在装修时特意将灯改为手动拉绳开关，水龙头设置了手动开关装置，让孩子们在一次一次的操作过程中，了解电的存在，知晓智慧、科技为人们生活带来的便利。小小的改变让孩子们"不能也不再是'成品'的奴隶，科技的进步使人们形成更大的生存压力，营造'适者生存'的氛围，合理地充分利用周围的资源，通过环境进行教育，从而培养孩子的创新精神，让孩子受益终生"。

在参观都藤幼稚园屋顶上的户外活动场地时，有两条路可以选择：一条是直上的梯子，虽有些陡却是捷径；另一条是平缓的大台阶，但通过时需要弯腰躲过树枝和绳网。孩子可以自己决定走哪一边，面对哪一种挑战，正向园长自己说的"我们不去教孩子怎么做，要努力实现让孩子自己去做"。

在加拿大的幼儿园中，教师们受到了热情友好的接待。在进入班级之前，园长向教师们提出3点要求：说话声音一定要小、不可以拍摄孩子的脸、仔细观察孩子的活动。这三个要求体现了教育者以儿童为中心的观点，从孩子的角度出发，尊重孩子的活动。在接待幼儿入园时，每位教师都会与孩子亲切地对视、拥抱、简单而亲切地寒暄几句，看一看孩子今天的情绪，听一听孩子今天的想法，让人感到亲切自然。

幼儿园也将中国北京的文化以及学前教育理念传播到了其他的国家。这些都给了教师们很大的启示。首先，中国是礼仪之邦，倡导从小教育孩子文明有礼。在出访中，教师再次感悟到教育不仅是让孩子要懂礼，更重要的是要让孩子养成良好的品德行为习惯，转变行为。作为教育者，教师们要做的不仅是让孩子在来客人或是离开时知道要问好和道别，而是要在生活点滴中感受到良好行为习惯带给自己和别人的方便和愉悦。有过助人的体验，才会在被帮助时真诚地道谢；感受过遵守规则带来的便利，才会主动做到更好。其次，作为教育者，教师们不仅仅是教育沟通的桥梁，更是文化传播的使者。让每一次教育的交流都成为文化与教育的双向交流，是每一个教师应有的意识，也是每一个教师应该担负的责任。因此，幼儿园注重引领幼儿开拓国际视野，感受不同文化之间的差异，懂得国家间的理解与尊重，形成平等、宽容、友爱、合作的优秀品质，将其培养成为家庭人、集体人、社会人、世界人。

1."美多元　善交流——国际理解课程"实施的基本原则

①基于幼儿的成长需求，坚持幼儿为本的原则

"世界这么大，我想去看看"这句话大家不陌生，曾被评为2015年最具情怀的辞职信且火爆传播。那么作为教育者，首先思考的就是自身的教育：不要让孩子到了中年才有这样的感慨，要让孩子们从小了解中国、认识世界。

幼儿园在适宜课程建构研究中，越来越意识到：21世纪的教育，以培养具有创新精神和创新能力的新型人才，推动社会发展和进步为使命。增强软实力的核心问题在于，孩子们要以怎样的独立观点来看待世界、看待自己，所以必

须走出去，从人格和科技创新角度培养对世界和自身的正确认识并付诸行动。2005年，幼儿园开始尝试建构国际化教育课程。多年的教育实践，幼儿园认识到：开展国际化教育的目的绝不仅是让孩子多接触一种语言。国际化教育让孩子在了解自己国家文化的同时，开阔视野，体会和接纳世界各国的文化，学会国家间的理解与尊重。

"STEAM"为幼儿园提供了整合性的教育新思路。它不仅仅是5个学科的整合，更是一种重实践的超学科教育理念，也就是让孩子自己动手完成他们感兴趣的并且和他们生活相关的项目，从中学习跨学科的内容。幼儿园以"美善文化"为引领，以全人教育作为出发点，引入并借鉴STEAM教育理念，提出：打造具有国际化意识的师资队伍，建构整合多元文化的立体式课程体系，加强与其他国家的交流学习，拓展教育思维空间。此外，幼儿园还开展多元活动，给孩子创造接触社会、世界的机会。幼儿园将二者有机融合，即：用STEAM的教育方法实施教育过程，实现国际理解教育。

②基于国际理解教育的发展定位，坚持传承创新的原则

教育本身是一种生态构建的过程。在国际理解教育课程的建设中，既要立足国内外的教育环境，同时也要考虑国家和社会的发展需求，面向幼儿的全面发展。为此，幼儿园不断更新教育理念，聚焦国际人才的核心素养，丰富课程的整体架构，力求实现课程的整体性、开放性、丰富性和发展性，最终促进人与人、人与社会、人与自然的和谐共处与可持续发展。

一是坚持传承，扎根中华大地，融合多元课程理念。在国际理解教育中，首先要充分认识到国际理解教育课程建立在相互理解的基础上。培养幼儿的国际理解素养，要以学习和认同本民族文化为基础。幼儿园一方面要学习和理解他国文化，另一方面也要注重他国人民对我国文化的了解和认同。因此，在国际理解教育中，特别是在幼儿园的国际理解教育中，更要重视对中国文化尤其是中国传统文化的传承与传播。让幼儿从小对本民族的传统文化形成基本的认知，传承民族文化基因，树立文化自信，这样他们才不会在多元文化的冲击中迷失自己。

幼儿的社会认知是从家庭中开始的，他们从爱父母到爱身边的人，再到周围世界。所以幼儿国际理解素养的培养必须遵循由近及远的思路。从家庭到家

乡，从祖国到世界，只有扎根中国大地，坚定本民族的文化立场，回归幼儿的生活世界，幼儿才能真正了解世界、认识世界，成为真正被社会所需要的人。

为此，幼儿园明确了"传承、接纳、合作、共生"的课程实施理念，即：传承中华文脉，坚定民族文化立场；接纳多元文化，了解国际交往的内容与形式；学会互助合作，塑造民主、平等、宽容、友爱的良好品质；促进人类进步与和谐，担负世界小公民的责任和义务。

二是坚持创新，引入STEAM教育，聚焦核心素养。STEAM教育起源于美国，现已成为国际教育研究的热点。STEAM，即：科学（Science）、技术（Technology）、工程（Engineering）、艺术（Arts）、数学（Mathematics）的整合。STEAM教育将各个学科有效地融合在一起，在教学中加以体现，这样儿童就能够通过实践探究来更好地学习，更好地理解各个学科的内容和它们之间的联系，从而完成某个项目或是解决某一问题。最终，让儿童在科学与人文的贯通中形成完整、连贯、立体的知识体系，提升处理问题的能力和创新能力，形成开放、互助、共赢的健康心态。STEAM教育兴起的原因是单科学学科素养的匮乏，因此STEAM教育的基本目标是培养儿童的综合素养。STEAM素养是个体在科学、技术、工程、艺术和数学领域以及相关交叉领域中运用知识的能力。

从中国教育改革发展的角度来看，2016年国家发布了《中国学生发展核心素养》，提出了在教育中应该培养学生的六个基本素养，即：人文底蕴、学会学习、科学精神、责任担当、健康生活、实践创新。从本质上讲，STEAM能力与核心素养是统一的，都指向全面发展的人。

《中国学生发展核心素养》与STEAM教育理念为确立国际理解教育课程的核心素养提供了有力依据，也明确了21世纪全球化趋势下国际理解教育的人才培养要求。据此，幼儿园结合《指南》中提出的幼儿发展要求，将"责任+合作+创新"确立为幼儿园"美多元 善交流——国际理解课程"的三大基础核心素养，具体如下图。

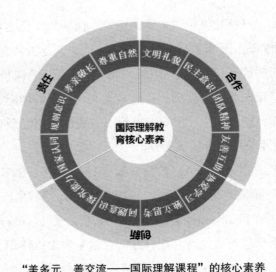

"美多元　善交流——国际理解课程"的核心素养

2."美多元　善交流——国际理解课程"的具体实施

"美多元　善交流——国际理解课程"在实施中注重形式多样、价值多维、平衡整合的特点，这要求幼儿园在国际理解教育课程的建设中要遵循丰富性和整体性的原则，实现课程结构的多元化。

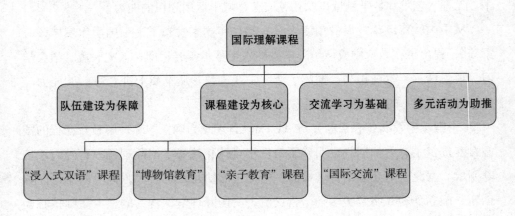

浸入式双语课程：感受多元的国际文化

幼儿园在英语教学中提出了"浸入式双语"课程，打破了以往只开展英语教学活动的传统，让外教全天融入孩子的生活中，让孩子在生活环境中更自然地习得英语，获得有效发展。与此同时，幼儿园还为孩子们配备了英文助教老师，搭起幼儿与外教之间的桥梁，同时也进一步提高了助理教师的英语会话能力。

幼儿园致力于做东西方文化交流的桥梁，采用多元的国际文化元素，通过丰富多彩的活动，让孩子在亲自参与、亲身经历中拓宽国际视野。幼儿园从课程的整合方面入手，组织中外教师研讨团队，结合幼儿的年龄特点、学习特点，收集整理了有关国外的多元活动内容，包括：节日、传统文化、特别纪念日等。幼儿园通过筛选和调整，与幼儿学习的五领域内容进行有机整合，开发适合幼儿园的本土化的国际课程。这样的筛择活动拓展了教师和孩子对国外本土活动的认识。

比如，中、大班的孩子进入了"语言大爆炸"时期，孩子们开始关注自己周围所发生的事情，积极发表自己的看法。于是教师们在班内开设了"新闻角"，鼓励孩子们争当小小新闻播报员，收集每周感兴趣的新闻，给幼儿创设发表言论的机会。引导幼儿主动关注周围发生的事情，了解"新闻"的含义，能够把事情简单地较清晰地表述出来，并且愿意发表自己的想法。

也许像"一带一路"这样的词汇离孩子们很遥远，但是在幼儿园教师带着孩子开启了"丝绸探索之旅"在游戏和活动，结合国际理解课程，开展了意大利文化之旅、瑞典之旅、丹麦之旅等系列国际教育月活动，让孩子开阔眼界，学习多元文化，从小学做"世界人"！在教育月中，利用多种形式有效激发幼儿参与活动的兴趣，感知不同国家的文化背景，了解风俗习惯，经验共享，查阅，亲身体验，走进使馆……近距离感知多元文化内涵。

活动中，幼儿园五星级大厨配合班级活动，设计和制作不同国家的美食，开展相应国家的美食自助餐，亲自带着孩子制作比萨和意大利面。孩子们制作、品尝着各地特色美食，一边感受当地的异域风情，一边亲手搭建着世界著名建筑，玩得不亦乐乎，每次都意犹未尽。

博物馆教育课程：共享丰富的实践资源

在世界许多发达国家，利用博物馆、大自然对儿童开展教育是非常普遍的，他们非常重视孩子的兴趣，注重培养孩子的能力。他们明确地认识到：儿童的学习应该是主动的、建立在兴趣之上的，而不是建立在课本上。可以利用博物馆丰富的教育资源，针对不同人的不同兴趣，进行潜移默化的教育，开启每个孩子的智慧之门。幼儿园吸纳这一国际先进的教育理念，本着让幼儿在实践和体验中学习，在快乐和兴趣中发展的原则，开展了幼儿园的"博物馆"系列教育活动。

如在环境幽雅宁静、藏品丰富的首都博物馆寻宝。幼儿园把博物馆作为美育教育的重要资源，采用游戏的方法引导幼儿发现美。记录最美图案、寻找最喜欢的生活用品的多种造型。

在开展"京城旧事：我发现的民俗风情或民间玩具"活动时，儿童和家长一起寻找、发现、记录，找到了最喜欢的图案、造型、事物，分享起来异常兴奋。寻宝活动提高了幼儿的欣赏能力，培养了幼儿对文化的敬仰之情。

在博物馆的活动中，孩子的收获不仅仅是教师们提前预设的教育内容，同时感受到的是博物馆巨大的文化魅力，孩子们学会了轻声交流、爱护展品，发现博物馆富有创意的展览方式。这些都不用教师教授，而是耳濡目染地自然习得。

"亲子教育"课程

幼儿园将亲子教育课程常态化，促进家园的多项互动。通过家长志愿者、全职妈妈活动日等，不断邀请外籍和本国孩子家长进入幼儿园参与教育，介绍风土人情、学说语言、玩本土游戏、制作手工艺品等，用体验式的方式了解孩子的一日生活及感受教师的爱。借助家长资源每月为幼儿开设自助餐，使孩子感受纯正的中西方不同的饮食文化，并学习一些用餐礼仪等，为孩子做"世界人"打下基础。与此同时，教师们还设计了家长家庭常用语手册，为共同营造家园双语氛围提供了很好的参考。

"国际交流"课程

遵循"打开园门办教育"的理念，幼儿园在区域内率先与美、加、日、韩、丹麦等国家和中国台湾地区开展互访交流。幼儿自主创作的无稿剪纸作品受到丹麦女王、白俄罗斯总统和国家主席习近平夫人彭丽媛的称赞。新西兰教育家丽萨博士将幼儿拍摄创意动漫的过程在国家网站上宣传交流；项目教学法的探索得到查德博士的肯定……多元的活动拓宽了教师和幼儿的国际视野，让孩子从小放眼看世界。

❖ **美表达　善创造——生态艺术课程**

"美表达　善创造——生态艺术课程"为幼儿感知生活、自主表达、理解世界提供了一个自由的平台。所以，幼儿园在实施"美表达　善创造——生态艺术课程"的过程中，注重让孩子在体验生活中探寻灵感，提升人文素养，塑造开放性的人格品质，获得可持续发展的能力。

创意美术活动课程

1. 运用主题教育的契机开展创意美术活动

儿童的创作源于他们的生活经验，幼儿园利用幼儿身边的一切教育资源对幼儿进行引导，使幼儿学会观察生活，感受生活的美好，探索生活中的奥秘。冬天，幼儿们可以开心地打雪仗；回到教室后，幼儿们可以用剪纸、泥工、绘画的方法进行表达；户外活动中，有趣的比赛、快乐的游戏也是幼儿进行小组创作的源泉。教师们抓住生活中的体会，运用主题教育的契机开展创作活动，让幼儿获得经验、构建能力；萌发幼儿美感，陶冶幼儿情感；促进幼儿认知、智力及创造性能力的发展。

例如，每个幼儿都有自己的特点，也都有自己的兴趣。幼儿园充分挖掘社会资源，带领幼儿走进博物馆。在那里，幼儿们用绘画的形式记录了他们喜欢的事物。在这一过程中，教师们发现幼儿记录事物时，虽然有的记录得简单些，有的记录得复杂些，但每个人在记录时都非常专注。在分享自己的记录作品时，每个人都踊跃地表达自己的体会和感受，这样的活动对幼儿的兴趣养成起到了积极的作用。当幼儿的记录作品被展览时，相信每一幅作品背后都有一个动人的故事。

2. 注重儿童绘画的自主创意表达

在开展绘画游戏时，幼儿园特别注重儿童对生活的自主表达，在他们绘画后，和幼儿交流他们绘画的内容及绘画的想法。教师们一般都会对幼儿们说："给我讲讲你的画好吗？""这个地方挺有意思的，它是什么呢？""你真的很有想法，我很喜欢你的作品。""画得这么棒，你是不是还能画个更大的？"这些交流改变了以往只为幼儿提供样板或半成品，以及在表扬的背后总会提出许多意见的做法，因为这些都是对幼儿绘画不信任、对幼儿绘画特点不了解的做法。

3. 丰富美术欣赏的实施途径

如何上好幼儿园的美术欣赏课？如何让幼儿对艺术大师的作品产生兴趣？需要幼儿了解到什么程度？这些成为教师们研究和思考的问题。教育家们通过不断研究，发现美术是一门视觉艺术，当教师们把一幅作品呈现在儿童面前时，作品的色彩、绘画的内容直接映入幼儿的眼帘，也给了幼儿很深的印象。所以，上美术欣赏课时教师们更注重的是培养幼儿对艺术作品的感受，而不仅仅是传授他们一些与美术有关的知识、技法。如在欣赏勃拉克的《音乐家》这幅作品时，并没有直接告诉幼儿们这幅画的名称和作者，而是让幼儿说说看到了什么和自己的感受。幼儿们说："我看到了吉他。""我看到了钢琴。""我看到了人的眼睛。""我看到了乐谱。""我觉得在开音乐会。"……这些感受都非常直观，也很正确。在教师的表扬与肯定中，幼儿们获得了满满的自信。他们也更加愿意听这幅作品背后的故事，同时也对艺术欣赏活动更加期待。

在后续的活动中，教师和幼儿们商量不使用画笔，而是用废旧材料制作一幅世界名画。幼儿们的兴趣可高了，从讨论什么地方用什么材料、使用什么颜色到收集制作。最后，这幅作品被悬挂在幼儿园楼道的显著位置上，幼儿们的成就感油然而生。

4. 创新美术欣赏的评价方式

评价幼儿的美术创作时，不同的评价方式会对幼儿产生不同的影响。在幼儿园的区域游戏中，教师注重对幼儿作品的评价，在鼓励时不能盲目概括、敷衍了事，要具体评价好的地方。如教师觉得颜色搭配得很舒服就会用"你用的这个颜色很有冲击力"这类评语，让幼儿了解哪里好，从而更有信心。同时，注重引导幼儿和同伴进行分享交流，互相学习对方优秀的地方，增长彼此经验的同时，更重要的是让幼儿学会欣赏别人。

美术实践活动课程

多年来，幼儿园明确"优质、普惠、广辐射"的早教思路，构建"美育指导下的家园一体化"的亲子模式，引导婴幼儿感受美和表现美。同时，进一步转变家长观念，提升育儿知识和水平。

在"一长两园四址"的管理体制下，在区计生委、东直门、交道口、安定门街道的大力支持及主管科室的指导下，新中街幼儿园本园带动鼓楼分园及东棉花联盟园，形成跨区域的早教辐射带，辐射率达到96%。

1. 以大社区为课堂，开展生活化的美术体验

一是回归自然，让孩子美在其中。0—3岁的婴幼儿通过各种感官来了解周围世界，他们喜欢具体、形象、有趣的事物，对自己熟悉的人和环境感到安全。幼儿园以周边社区环境为课堂，开展美术活动，让幼儿通过感知、探索身边的事物，身临其境地感受自然之美。教师们带领孩子和家长在小区观赏花草，品闻花香之美；在水榭旁嬉戏，观看鱼儿游动之美；在广场上追逐蝴蝶，模仿蝴蝶飞舞之美；在喷泉旁戏水，聆听水流之美；在草地上小憩，抚摸小草轻柔之美，每一次都会激起孩子们欢乐的笑声，对自然美的体验也随着笑声应运而生。

二是感受自然，让孩子玩在其中。婴幼儿对环境中的树叶、树枝、石头、花草等充满了好奇，喜欢摸一摸、看一看。针对这一特点，幼儿园开展利用自然物进行创作的亲子美术活动，让孩子们在玩耍中感受自然的美，在无意识的涂鸦中感受艺术。如：到社区寻找春天，发现大自然的变化，感受万物复苏的美。捡拾小石子玩一玩、拼一拼、讲一讲。夏天一起用小水壶在地上喷画，孩子们发现了太阳公公可以把小水滴变没的神奇现象；秋天一起捡拾美丽的树叶，孩子们自然而然地认识颜色，感知形状，和家长一起制作树叶画，激发了创造和想象；冬天一起用枯树枝搭起一座座"小山""小房子"，家长们感叹着孩子的创意。每次活动后师幼们一起把场地收拾干净，让孩子知道爱护社区环境。

就地取材的美术活动，让家长了解到身边的环境都可以促进孩子的发展，更让家长学会了引导孩子观察创作，欣赏他们的作品，提升育儿水平。

2. 以适宜活动为载体，开展游戏化的美术创作

在幼儿园开展多年幼儿美术活动研究的基础上，确立了0—3岁的教育目标，以色彩鲜艳、简易多变的颜料、泥、纸张为主要材料，运用趣味化的魔术、情景化的表演、简洁化的语言、形象化的手偶等手段，开展游戏化的创作。

一是感受变化的快乐。教师们带一岁多的孩子用手玩色，在他们随意涂抹过程中，感受涂鸦的快乐。带着两岁多的孩子运用身边的各种材料开展印染活动，发现不同花纹变化的乐趣。随着系列活动的开展，孩子们提高了对美术活动的兴趣，在玩中感受色彩的美、变化的美。

二是体验变化的神奇。教师们还为不同年龄段的孩子提供不同的泥（彩泥、

面泥、胶泥）、纸张（薄、厚、软、硬）、颜料及辅料。让幼儿在无意动作中，感受不同材质的特性、百变的神奇，发展视觉、触觉、嗅觉等感知能力及手眼协调能力。

3. 以专业引领为途径，开展合作化的美术教育

亲子教育的目标是实现教师、幼儿、家长共同成长。为使幼儿园与家长成为"伙伴共育"关系，幼儿园注重打造"三融洽"的互动氛围，即：家长与孩子的融洽、家长与家长的融洽、家长与教师的融洽。

一是发现赏识，营造和谐亲子氛围。在亲子活动中，经常会看到急于求成的家长，用自己的标准衡量孩子的表现，打扰孩子的活动。于是教师们设计了"家长观察员"活动。在活动前给出几个小问题，使家长成为有目的的观察者，在活动后，家长围绕问题进行讨论。几次活动后，家长对婴幼儿年龄特点、心理特点有了正确的认识，了解了孩子的视角与成人有很大的差异。随着观察员活动的持续开展，家长的育儿心态越来越平和，亲子关系也就越来越融洽。

二是交流分享，营造积极互动氛围。"亲子聊吧"是家长们非常喜欢的活动。大家以孩子为中心，展示自己精心制作的"儿童艺术成长档案"，利用身边材料进行巧妙创作等。通过"亲子聊吧"增进了家长之间的互动和情感，使每个人都为孩子的成长积极地贡献着自己的力量。

三是专业引领，营造融洽共育氛围。幼儿园通过"游戏化社区小组"活动，辐射亲子教育理念，普及科学育儿方法。如：借助社区的街心花园、生活广场，指导家长利用家中的废旧材料制作手头玩具；利用广场上的空地玩放风筝、找影子、堆雪人等户外游戏，开展亲子运动会；还在"亲子育儿大讲堂"活动中，邀请知名的早教专家、幼儿园特色教师做专题讲座。丰富的亲子活动吸引了周边社区的更多适龄散居儿童参与其中。

在实践"家园一体化亲子美术活动课程"中，幼儿园梳理了"亲子美术活动集""宝贝创意作品集""亲子育儿手记""亲子育儿活动案例集"等早教园本资料，为进一步开展亲子美术教育研究积累了较丰富的经验。

多元的美术活动突出了操作性、娱乐性、参与性，增进了家长与幼儿之间的情感交流，提高了家长的早期教育能力。在家园合力下，在美的教育中，有效促进了幼儿身心健康发展，为其一生优质生活打下良好基础。

第四节　课程的评价体系

课程评价是依据课程实施的可能性、有效性及教育价值，做出价值判断的证据的收集与提供的过程，它包含两个方面：一是对教育过程的计划与组织的判断；二是对儿童学习与发展的判断。课程评价具有鉴定、改进、激励、管理等功能，课程实施必须以相应的特色评价作为导向。幼儿园为了保证课程的有效实施，制定了包括课程评价理念、课程评价原则、课程评价方法的课程评价体系。

课程评价的理念

❖ 评价的发展性和激励性

重视对幼儿学习潜能的评价，立足于促进幼儿的学习和充分发展，通过评价识别幼儿发展的强项和弱项，引导幼儿利用优势领域的经验来进行其他领域的学习，为"适合儿童的教育"创造有利的支撑环境，最终达到促进幼儿全面发展的目的。

❖ 评价主体的多元化

改变评价主体的单一性，建立由教师、幼儿、家长等共同参与的评价机制。特别是在幼儿自评或幼儿间互评的过程中，发现幼儿评价的角度与成人的不同，从而受到启发。

❖ 评价内容综合化

课程评价的内容与教育发展的功能和目标是一致的。不仅要关注幼儿的知识与技能，更重要的是要关注幼儿的学习过程与方法以及情感、态度、价值观等各方面的发展。

❖ **评价过程动态化**

评价的重心由重结果向重过程转变，将评价融入日常教学中，评价过程与教学过程并行，通过关注过程促进结果的提高，做到教评相长，评价日常化、动态化。

❖ **评价的方法多样化**

只有评价儿童的方式丰富多彩、形式多样，如将幼儿发展评价、随时性评价成长档案等评价相结合，才能达到全面了解幼儿的情况、激发幼儿的学习热情、促进幼儿全面发展的目的。

课程评价的原则

❖ **目的性、发展性原则**

评价要有利于改进与发展课程。

首先，幼儿园课程评价的目的在于发现课程中的问题，找出原因，提出改进的建议和措施，解决问题，调整、改进和完善课程，不断提高教育质量。

其次，评价具有诊断、改进课程的作用，不宜把评价仅仅作为对教师工作或幼儿发展水平的鉴定手段，使被评价者产生消极抵触情绪和应付行为，以致产生不良效果。

再次，评价以自评为主，充分发挥教师的主体性。评价的过程是教师运用幼儿发展知识、学前教育原理等专业知识审视教育实践，发现、分析、解决问题的过程，也是不断学习、不断提高的重要途径。

最后，课程评价强调以教师自评为主，园长、其他教师参与评价，发挥教师群体的作用，共同研究，共同提高。调动和发挥教师、园长和其他有关人员改进课程的主动性、积极性和研究精神，是课程评价的总原则。

❖ **全面性、客观性原则**

评价要有利于每一名幼儿全面和谐的发展。幼儿园课程评价的最终目的是要促进幼儿的全面和谐发展，因此涉及幼儿的发展情况与发展水平的课程评价应特别注意以下几点。

全面，即全面了解幼儿的发展状况、运动能力、社会性情感、学习方法、语言发展、认知能力管理和一般知识等；防止片面性，尤其要避免只重知识技能的掌握，忽略情感、社会性和实际能力的倾向。

　　客观，一是承认和尊重幼儿的个体差异，让幼儿看到自己的优点和进步，增强自信心。二是对所有幼儿要公平，要准确、公平地评价来自不同文化背景和语言背景的幼儿。三是多渠道、多方面地收集资料，客观地加以整理和分析；从不同角度了解幼儿发展和学习的全貌，如运用多种观察方法；幼儿园、家庭等多方面参与评价；不同的场合采用不同的方式。

　　自然，一是将评价贯穿于日常活动之中，采用自然的方法，在自然而真实的实际生活情境中进行评价。二是将评价贯穿于教育教学活动之中，对幼儿在教学活动中的真实表现进行评价，使幼儿感到自然、没有压力。

　　积极，一是评价在内容方法上符合幼儿的年龄特点，有利于幼儿显示其能力及了解的内容。二是采取积极、正面的评价方法，多给时间、多展示亮点、多鼓励、多表扬。

❖　**科学性、有效性原则**

　　评价要保证评价的结果科学、有效。首先，评价的指标要与《指南》《纲要》的精神和原则相一致；其次，课程的评价要讲求实效性，达到改进课程及帮助幼儿有效学习的目的；最后，除了用作课程设计和课程改进之外，慎用评价结果。与家长沟通时应考虑怎样才能有利于家园合作，共同促进幼儿的发展。特别注意不要伤害家长的教育热情和对幼儿的信心。

课程评价的方法

❖　**幼儿发展评价（形成性评价）**

　　幼儿发展评价（形成性评价）是指运用一定的指标体系，对个体或群体幼儿发展状况进行价值判断，其目的是促进每一名幼儿的发展。这种评价是有计划、有目的的实践活动，它以教师为评价主体，评价对象是每个教师所在班级的幼儿，家长、幼儿、园所参与非标准化测评，一学年分为前测、中测、末测三个阶段，通过在日常生活的各种情景中系统地观察获得幼儿发展的有关事实材料，进行测评。根据每个阶段幼儿不同的年龄水平，将评价指标分为小班评价指标、中班评价指标以及大班评价指标。

1. 小班评价指标

健康

序号	生活自理能力
1	会独立进餐
2	会使用小勺
3	会洗手
4	能独立如厕
5	会自己穿脱简单的衣服
6	会穿脱鞋袜

序号	身体协调运动
1	喜欢参加体育游戏、活动
2	动作自然地走
3	动作自然地跑
4	能原地或向前跳跃
5	自然协调地爬
6	会正面钻
7	单手自然地投掷

语言

1	能注意听别人说话
2	听懂，并能执行简单的语言指令
3	能正确发出语音
4	愿意用语言与别人交往，能回答别人提出的问题
5	能用语言表达自己的请求或愿望
6	喜欢看图书和听别人讲图书
7	会从前向后一页一页地翻阅图书

社会

1	大部分时间情绪愉快
2	有爱周围人、爱环境的情感
3	初步感知他人的快乐、痛苦、劳累
4	初步遵守规则
5	有礼貌地交往(不只会用礼貌用语，而且没有打人、骂人的行为)
6	爱护物品

科学

1	喜欢观察常见事物、现象
2	积极用感官感知和探索
3	能用语言简单地表达自己的感受和发现
4	能把一样的东西放在一起，能初步归类

艺术

1	喜欢欣赏音乐、歌曲
2	愿意参加音乐活动
3	唱歌时声音自然
4	愿意探索尝试各种美术用具和材料
5	握笔方法、坐姿基本正确
6	能用自己喜欢的颜色大胆表达
7	会使用剪刀

2. 中班评价指标

健康

序号	生活自理能力
1	会使用筷子
2	不挑食，不洒饭
3	能独立有序地穿脱衣服
4	会整理床铺

续表

5	坐、站、立姿势、体态基本正确
6	能注意维护环境整洁

序号	身体协调运动
1	积极参加体育活动
2	走步时，上下肢动作协调，有精神
3	跑步时，动作协调，能控制自己的速度
4	跳跃时脚蹬地比较有力，落地较轻
5	会侧面钻
6	有初步的平衡能力

语言

1	听懂并能执行连续的语言指令
2	主动用语言和别人交往
3	正确发出全部语音
4	敢于当众自然大方地讲话
5	用语言表达时用词基本准确
6	有基本正确的阅读习惯

社会

1	保持愉快情绪
2	会用简单方式表达对周围人、环境的情感
3	感知他人情绪、情感，有初步的同情心
4	知道和遵守游戏、生活、学习规则
5	能主动、有礼貌地与他人交往
6	爱护公物，不打搅他人，有初步的公德心
7	在游戏和活动中有初步的合作能力
8	初步愿意尝试解决问题
9	愿意为自己、他人做力所能及的事

科学

1	主动参与探索操作活动	
2	能发现事物现象的差异及变化,例如发现什么叶子先变黄 (银杏、刺槐、柿子树、爬山虎、美国地黄)	
3	会排序	**事物排序** 准备:7张圆片,每张圆片的半径相差5毫米(等差)。 指导语:这里有几张圆片,请你按由大到小的顺序给它们排排队吧。
		数排序 准备:点卡,第一张一个点,第二张两个点……第六张六个点。 指导语:这里有几张点卡,请你按点数由大到小的顺序给它们排排队吧。
		事件排序 准备:三张图。例如:西瓜船。第一张:小老鼠吃西瓜;第二张:小老鼠用半个西瓜做西瓜船;第三张:小老鼠和小白兔做西瓜船。 指导语:哪张应该放在第一、第二、第三? 为什么?
4	会分类	**动物分类** 准备:五种动物玩具或卡片,如狮子、虎、梅花鹿、牛、羊。 要求:按食性分类。 指导语:这些动物喜欢吃的东西一样吗? 请把这些动物分两堆,把吃一样东西的动物放在一起。
		物品分类 准备:五种物品或卡片,如笔、尺、本、勺、碗、锅。 要求:按用途分类。 指导语:这些东西用处一样吗? 请你找不同的用处,把这些东西分成两堆。
5	会手口一致地点数出10以内的数量,知道基数、序数、总数。 准备:10个物品,如扣子。 指导语:这里有些扣子,你来数一数,一共有几个? 哪个是第七个? 请你拿出8个扣子。	

艺术

1	愿意参加各种艺术活动
2	初步感知声音的强弱、高低、音色
3	唱歌时发音准确
4	律动或舞蹈时动作合拍
5	律动或舞蹈时动作基本协调
6	能用各种线条和简单形状大胆表现感兴趣的事物
7	大胆使用和混合颜色

续表

8	作画姿势、握笔方法正确
9	基本会使用各种美术工具与材料

3. 大班评价指标

健康

1	根据自己的冷热感觉主动增减衣服
2	走步时有精神
3	跑步速度逐步适度提高
4	灵敏协调地跳跃
5	灵活地进行钻、爬、攀登
6	掌握各种运动器材的玩法

语言

1	有礼貌地注意听别人讲话
2	表达时声调、语调正确
3	大胆、准确地使用各种词汇
4	比较连贯、完整地讲述
5	有一定的语言概括能力
6	喜欢阅读图书
7	能独立讲述图书内容

社会

1	保持情绪愉快
2	理解他人的情感，能用简单、适当的方式表达对他人的爱，有初步的助人行为
3	自觉遵守行为规则
4	主动、友好、礼貌地与他人交往
5	爱惜物品，保持环境清洁
6	客观地评价自我和他人
7	有初步的独立性、自信心
8	愿意尝试解决问题和困难
9	有初步的责任感

科学

1	对自然现象、动植物感兴趣,有好奇心	
2	喜欢探究,爱思考,爱提问,积极回答问题	
3	喜欢使用各种常见的工具和材料	
4	理解动植物与其他动植物之间、与环境之间的依存关系 指导语:河里的鱼需要什么才能活?班里种的花死了,说说,花为什么会死?	
5	会简单推理	事件推理:如续编故事。说一件事后来怎样或说出结果。 逻辑推理:如填补图形。一张纸上面有一张大图,缺少了一块。大图下面有四块图,请用四块图中的一块图把大图填补完整。
6	会变化角度,会一维分类、二维分类 准备:虎、狗、牛、梅花鹿、猪、鸭子、鸡、鸽子、鹰的卡片 指导语:请你给这些卡片分组。你按什么分组?还有别的分法吗?请你拿出有四条腿的、吃草的动物的卡片。 请你拿出会飞的、凶猛的动物的卡片。	
7	会排序操作并说明理由 排序准备:10个互相差5毫米(长短)的圆柱体,第一个20毫米。数卡排序准备: 1—10卡片各一张。 指导语:请你按照规律把它们排成一队。你为什么这么排?	

艺术

1	积极主动参加各种艺术活动,在活动中感到愉快
2	在各种艺术活动中能大胆地进行创造性的表现
3	唱歌时音调节奏准确
4	在律动、舞蹈中动作协调优美
5	绘制的画面有情节
6	初步掌握各种美术材料、工具的用法
7	在活动中有良好的美术活动习惯

❖ **成长档案评价**

　　成长档案是证明或记录儿童当前发展轨迹的一种方法。通过教师有计划、有目的地收集和积累儿童的各种作品和相关资料,为儿童发展水平的评估提供全面、丰富、生动的信息。成长档案是20世纪80年代中期在美国教育实践中出现的一种学业成就评定方法,属于质性评定方法,并作为一种"可信赖的评估工具"被广泛接受。幼儿园采用了此种方法。

记录由四部分组成。包括：观察一个幼儿、写下看到或听到的轶事、拍一张照片或选择幼儿的一件作品、把轶事和相应的照片或作品一起放在收集表格中。建立成长档案的基本步骤及主要材料如下：为每个儿童准备一个文件夹、在活动室中找一个存放文件夹的地方、准备好记录表格及照相录像设备、准备好使用的量表和发展里程碑。

❖ **随时性评价**

1. 目的

一是在幼儿目前发展的基础上支持他们；二是扩展幼儿的兴趣与热情；三是鼓励幼儿去实践相关里程碑的行为和技能；四是使儿童明白教师很喜欢他们，并期望他们能实现自己独特的潜能。

教师的支持

序号	教师支持	具体表现
1	表现兴趣	坐在幼儿身边,点头、微笑或说"我明白了",简单认可幼儿的活动
		对幼儿的语言和行为做出反应
		描述刚刚看到的幼儿的完成情况,哪怕幼儿并没有完成
2	关注需要	询问幼儿是否需要帮助
		预测到危险,在幼儿需要的时候介入
		在其他幼儿可能会分散一位幼儿的注意力或危及他好不容易得到的成果时,让其他幼儿绕道而行,以保护他的活动空间
3	关注经验	邀请幼儿告诉自己他正在做什么以及打算如何继续
		描述幼儿正在做的事情或正在玩的游戏,发展幼儿的词汇和口语
		用幽默的词语鼓励幼儿放松、尝试新任务
		给幼儿示范使用某种材料或玩具

2. 原则

①以观察为主

教师评价的基础是观察。评价幼儿首先要做到充分观察幼儿的兴趣、情绪、需求、语言、行为、常规习惯等多方面的表现，充分倾听、了解幼儿的想法。做到教师退一步、等一下，等待幼儿的发现与表现，因为等待常常会换来意想不到的惊喜。

②适时适当评价

《纲要》中指出："管理人员、教师、幼儿及家长均是幼儿园教育评价工作的参与者，评价的过程是各方共同参与、相互支持和合作的过程。"随着幼儿自我意识的发展，幼儿具备了一定的评价能力。幼儿从内心认可自己讨论与评价出的结果，能主动遵守。

可见，幼儿评价是教育评价中重要的一部分，教师要在评价中调动幼儿评价的兴趣与愿望，从而促进幼儿积极主动的发展。

第五章

共生共美，聚力乐善

幼儿教育是教育工程的基础，是基础教育的重中之重。幼儿教师肩负着儿童启蒙教育的重任，其基本素质的高低不仅关系到教师个人的发展，及其人生观、价值观、社会责任感的建立，也关系到幼儿的健康成长、性格气质的形成、与同伴交往的能力等诸多方面。同时，幼儿教育工作是一个系统工程，它由幼儿园、家庭、社会三方面共同组成，三方面必须形成合力。幼儿园在家园共育中始终处于主导地位，教师只有掌握了必要的协调和沟通技巧，才能引导和激发幼儿家长积极合作的态度，从而在彼此尊重与合作的基础上实施同步教育，共同促进幼儿身心健康和谐发展。因此，幼儿园在"美善文化"的引领下，培养德高业精、有情有趣、自主发展的"雁阵式"团队，培育爱国守礼、健康智慧、自信友爱的新时代幼儿，形成家园相依、协同育人、和谐共进的家园关系，创造共生共美、聚力乐善的良好局面。

携手共进
在共同体建设中彰显群雁效应

共享资源
实现一体化美善教师培养

选贤育能
助推干部和教师美善成长

以师为本
强调师德与师风向美向善

务本求实
引领教师能力专业化发展

德高业精"雁阵式"教师团队

全面发展的新时代幼儿

协同共进的智慧型家长

树立现代儿童观——
做尊重支持的生命美育

以美树德善其品

以美健体善其能

以美雅言善其知

以美启智善其思

以美怡情善其行

家长的行为规范

家长工作的有效途径

第一节　以诚存善，情至美，打造德高业精的"雁阵式"团队

　　人生百年，立于幼学，幼学之强，重在幼师。关注和提升幼儿教师队伍质量，是实现十九大"幼有所育"的关键举措。对幼儿教师的培养，是幼儿园深化改革的迫切需要。在区政府和两委高度关注下，幼儿园对标新时代教育发展要求，以质量为核心，以两支队伍建设为深化治理体系的关键，认真贯彻习近平总书记的教育论述，培养德高业精、有情有趣、自主发展的"雁阵式"团队。

携手共进，在共同体建设中彰显群雁效应

❖ 按需培养，搭建师能的专业化发展阶梯

　　1. 新职教师——奠定基础

　　幼儿园新职教师很多，采用"以老带新，以优带新，以学促新"的方式，促进新职教师队伍业务素质的提高。同时，还相继开展了"打开心扉""项目教学法""音乐盒子""如何开展区域游戏指导"等系列培训，以增强新职教师教育基本功及对幼儿活动的观察能力。

　　幼儿园借助新幼专家资源，聘请首都师范大学学前教育专业教师指导并参与开展"新职教师教学活动中师幼互动有效性的研究"，促使新职教师在实践背景下通过研究提升专业水平。在课题引领下，新职教师在全区新职教师考核中取得较好的评价，多名新职教师教育活动案例被收录在《区新职教师教学设计案例集》中。

　　2. 成熟教师——知行合一

　　幼儿园倡导成熟教师"知行合一"，强调实践中"行"与"知"的同步交互

与"悟性自足"，注重主体精神的发挥。在"实践落实—内化反思—实践检验—感悟提升"的滚动式操作中，提高成熟教师的实践能力，促进其自我发展。

3. 骨干教师——辐射带动

幼儿园有一支强大的骨干教师团队，其中市级骨干教师1名、区级学科带头人2名、区级骨干教师14名。为了全面提高各园各层级骨干教师的素质，特别是为了提高骨干教师的教育创新思维能力、学科知识拓展能力和教育科学研究能力，幼儿园采取了如下措施：

①扎根实践，不断提高骨干教师自身的教育教学水平。要求骨干教师每月开展一次示范活动，每学期开展一次地域性或跨年龄班级的教学活动，提高骨干教师的观察、指导、应变能力。

②理论学习，增强骨干教师听课、评课及分析问题的能力。通过举题研讨沙龙，对骨干教师自身或其他教师实践中的困惑问题进行分析、研讨、剖析，共研解决策略。

③师徒结对，提高骨干教师的引领作用。在园所坚持开展示范课、"结对子"等活动，从思想交流，课前的学情分析、教材分析到教学过程设计、课后反思等，均进行随时对话，让青年教师先定格、再入格，直至跳出"模式"，逐步形成自己独特的教学特色和风格；责任到人，提高骨干教师"传帮带教"的意识和能力。

④课题研究，提高骨干教师的理论水平和教育教学能力。每位骨干教师承担或参与不同级别的课题研究，并把备课、上课、评课与科研结合，做到每学期有论文或获奖产出。

4. 特色教师——教有特长

本着让教师具备创新的意识和创新的能力，幼儿园坚持抓教师培训工作，提高教师自身的综合素质；根据教师特长及教学特点，因材制宜，取长补短，充分挖掘每个教师的潜能；采用内部培训与外部培训两种形式相结合的方式，为教师提供广阔的学习空间；开展幼儿园男教师研究小组活动，彰显优势，促进男教师团队专业发展。

❖ **多元平台，以学促能**

通过学习促进实践能力的提高，加强教师专业发展文化建设，引导教师专业发展的正确方向，使教师具有良好的职业心态，精心教书，潜心育人。为此，结合园情，幼儿园采取了一系列有效措施，努力提升教师专业化水平。

1. 专家引领

开设名师讲堂，定期与不定期地聘请教育专家、大学教授、特级教师以及专家型领导进行专题讲座和培训；参与园本教研、指导教育活动及现场研讨。如："美丽的教育""做新时期的幼儿教师""艺术区的指导策略"等，使不同层面教师在更广范围、更高层次上得到引领，提升思想境界和专业能力，迸发教育智慧的火花。

2. 多元实践

采取园本教研、实战竞技、参观交流等灵活多样的园本培训方式，助推教师专业成长；通过举办教师基本功大赛，参与区"童心杯"优秀教育活动评比等，不断提高幼儿园教师的教育实践能力，提高专业素养。

3. 互助互动

在落实东城区"621骨干教师引领工程"工作中，幼儿园建立起区级骨干与园级骨干、园级骨干与园内教师及跨园拉手的层级帮带网络，实现了以优促优，共同提高。

❖ **研促思教，科学化挖掘与提升教师潜力**

1. 实践中研教师

研究，是深化理论在实践中落实的手段。幼儿园以发展的眼光提高教师能力；以研究的态度，让管理实现为教学服务。

（1）在分享中锻炼口才

分享微课堂——教书育人，语言表达是教师的基本能力，为了提高教师的语言表达能力，确定每个教研日的前10分钟为"分享微课堂"。在微课堂中，无论是诗词、散文、生活常识、生活感悟、业务知识等，都可以作为分享内容，"小课堂"汇聚大能量，为教师提供了相互交流、学习、分享的平台，在潜移默化中营造浓厚的学习氛围，使教师增长了见识、锻炼了口才。

（2）在互动中提升理念

教研辩论赛——在教学实践中，教师总有一些把握不准的观点，特别是年轻教师，即使在教研会上也不敢表达，害怕说错。为此幼儿园转变了教研方式，将"圆桌研讨"改成"辩论赛场"。教师们针对辩论主题查找依据、收集案例、相互切磋，这一过程使"被动接纳"转变为"主动学习"。赛场上教师们会信心满满地阐述自己的依据，仔细倾听对手的观点，智囊团还会根据辩论情况现场收集论据，使教师对教育的理解越辩越清晰、对实践工作越做越明白，将"独白式"的教转变成"自发式"的学。

2. 教育中研方法

教科研工作是教学工作的重要组成部分，是提高教学质量的"核心技术"。研究可以不断优化策略，改进教育行为，促使教师不断生成属于自己的教育智慧。

（1）让教师发出自己的声音，提升教师说的能力

营造"说"的氛围——如：设立"园本教研留言板"，让教师做好"说"的准备，"带着话题来讨论""带着自己的实践经验来交流"，让教师"带着问题来诊断"；运用"小纸片技术"，让教师卸下"怕说"的思想包袱，营造宽松、理解的氛围，给教师表达真实想法的机会。"小纸片技术"教师不需要署名，只要把自己的心里话写上即可。

架构"说"的平台——运用丰富多彩的教研方式：对话交流、说课碰撞、交错研讨、专家对话、汇报互动等等。（根据每个教师的特长而定）骨干教师——专家对话的机会；成熟教师——对话交流；青年教师——交错研讨；新职教师——汇报互动。

提升"说"的能力——运用坚持轮流主持的方式：以年级组为单位进行小组教研——教研组成员根据自选的专题轮流主持活动。教研组长则给予全程辅助。教研组成员相互主持。轮流主持使青年教师从以往教研活动的旁听者或"听多说少"的角色转变成参与者和领导者，即"听细说准"。

（2）让教师建构自己的实践智慧，提升教师反思能力

教师实践智慧是教师教学实践知识、经验与教育理性、情感的有效嫁接、整合、融合和升华的过程。园本教研最终实现的价值是：让教师建构自己的实践智慧。实践智慧中的重要元素是反思，因此，园本教研，提高教师的反思能力非常重要。

建立反思方式：现场反思法——注重教师对每次观摩活动做自我反思；照镜子反思法——通过录像的方式将活动过程记录下来，引导教师回顾过程中幼

儿的表现、教师的指导；伙伴合作反思法——以小组（骨干教师组、学科研究小组、年级组）为单位进行反思，汇集集体智慧；叙事反思法——质疑答辩的研究方式，引导教师学会理性思考。

（3）让学习成为园本研修文化，提升教师自主学习能力

读书滋养生命——广博的知识是学前教育发展的需要。在园本教研开展过程中，幼儿园为教师配备网络课程资源系统；开展读书交流活动与教学经验分享等；针对不同岗位特点，为教师提供相关书籍，如《责任胜于能力》《如何调动和激励教师》《美术学科教育学》等，使大家在读书实践中体会生活、学会工作、积淀内涵。

强化实践中的问题意识——只有发现问题，才能思考问题和解决问题。幼儿园注重在真实的教育情境下，研究教师、研究教育过程、研究教研过程、研究对教师的支持方式，以"研究者心态的开放、教学场所的开放、研究过程的开放"为原则，为教师营造宽松、安全的心理氛围，鼓励教师畅所欲言，真实地呈现自身思考与实践，在此基础上抓住关键问题，引发教师对自己已有认识的反思。

譬如，面对教师在开展体育材料研究中发现的"幼儿跳跃动作存在的不规范"问题，幼儿园以典型案例中的问题入手进行了相关理论内容学习，引导教师发现问题、分析问题，在问题解决中提高教师合理使用材料开展体育活动的能力。又如在体育活动"小树开花"的案例研讨中，引导教师讨论：幼儿的学习特点是什么？幼儿如何在与材料的互动中感知动作的要领？教师怎样引导幼儿在自我体验中纠正不正确的动作？在讨论中结合案例学习了"什么是体验式学习""在大班体育活动中开展体验式学习对幼儿自我纠正动作的作用"。让教师认识到在体育活动的开展中，教师不能一味地单方面传递动作要领，更重要的是引导幼儿在亲身体验过程中感知正确与错误动作给自身带来的感受是不同的，从而加深幼儿对动作的记忆和理解。

❖ **特色培养，发扬男教师阳光刚毅之优势**

学前教育男教师的培养与管理问题，是当前学前教育发展需要深入思考与探索的新课题。

目前，以女性为主的幼儿教师行列中已出现数量可观的男教师。资料表明，

美国幼儿男教师所占比例约为10%，日本男教师所占的比例约为7%。在岗的男教师，从他们的出现到崭露头角，再到队伍的日益壮大，勾勒出的是东城区学前教育不断适应社会需求、科学遵循幼儿成长规律、推进学前教育发展的轨迹，他们称得上是东城学前教育的宝贝，是一笔极具升值空间的财富。作为在东城区率先引入男教师的园所之一，自2001年起，已走过近二十个年头，目前形成了由17名男教师组成，涉及日常教学、课程建设、教育研究等多方面的团队。多年来，幼儿园针对男教师的特点，确定了"因人而异、张扬个性、教有特色、互促发展"的培养思路，制订男教师培养计划，就如何留住男教师、支持男教师、成就男教师等方面进行了有益尝试。

1.确定目标，制订计划

（1）培养目标

新入职男教师——提高男教师专业化水平，在熟练常规带班基础上，定位自己的特色。

成熟型男教师——确立自己的教学特色，能够带动徒弟在特色方面有所发展。

新锐男教师——夯实专业基础，精钻领域课程的研究。

骨干男教师——打造自身专业特色化，辐射各园青年教师，带领徒弟特色发展。

（2）制订计划

①思想引领，提高职业幸福感

营造温馨氛围，增强教师从教幸福度。

生活幸福感。开展小型多样体育竞赛，如小型球赛，缓解教师的工作压力。

职业幸福感。每月一次全园联动观摩活动。

创建发展空间，提升教师专业成就度。

搭建专业成长平台。在以体育为基础特色的基础上，建立适合自身发展的学科内容，通过园所的骨干力量，进行个性化的全力打造。如：根据男教师的特点和兴趣、骨干教师的特色，在五领域方面进行深刻引领研究。

搭建自我展示平台，大力实施名师工程建设。继续与中、小学的特级教师、骨干教师进行师徒活动，提高专业技能。

搭建合作交流平台：与社区、其他幼儿园进行不同特色的相互观摩学习；

请各大幼儿园有特色的骨干教师进行观摩及现场指导。

②挖掘资源，提高专业素养

专业性的联谊。与专家、社区或球队的专业人士进行友谊联赛，提高篮球、足球、武术等技能。

情感上的联谊。增加男教师的情感联谊，使教师懂得感恩。如开展拜师会、外出联谊会等，不断增进感情。

③多种途径，加大宣传力度

利用幼儿园宣传网络，宣传男教师活动内容、特色、个人简介等。

通过媒体、杂志，宣传男教师风采、培养特色。

通过幼儿园宣传橱窗，直观感受男教师教学风采及特色。

2. 发挥优势，凸显特色

从最初的简单介入，到逐步深入的工作角色定位，男教师越来越显现出对孩子个性发展的积极促进作用。主要体现在两方面：

一是男教师充满活力，有利于提高幼儿的活力指数。幼儿园男教师在某些方面的知识会更开阔，他们热情、活力、朝气蓬勃的个性，更适合培养孩子刚毅果断的性格，对儿童的启蒙教育和成长十分重要。如：男教师更多的会带孩子进行活动量大的运动，如赛跑、跳远、踢球等。他们的活力带动了孩子的活力，使孩子们产生积极愉快的情绪，提高参与活动的兴趣，有助于养成活泼开朗、积极向上的品质。

二是男教师的行为方式有助于树立幼儿正确的角色意识。幼儿期是儿童心理发展的关键期，孩子在与男教师的接触中，潜移默化地模仿、学习男子汉的阳刚之气，如：幼儿园借助男教师性别优势建立小足球队、根据幼儿特点编排武术操、针对肥胖儿设计搏击操、应用触屏软件指导幼儿制作原创动画等，已成为幼儿园特色课程品牌，大大丰富创新了教育活动内容，给幼儿带来更多乐趣，为幼儿创设一个性别平衡的成长环境。

3. 张扬个性，成就追求

依据每位男教师的特点、优势，主要在三方面进行探索。

（1）因人而异，合理设岗

首先，在教委领导和主管科室的指导下，针对幼儿园工作特点，"以制度为先"，制定完善了《男教师工作制度》《男教师工作手册》，既对男教师工作提出规范的细化要求，又对他们实施职业保护。其次，"因人设岗"，在岗位设定上"扬长避短"，根据男教师擅长的领域，安排其承担美术、体育、英语、多媒体等学科的教学；发挥思维敏捷、操作干练、方法新颖等优势。

（2）完善教学管理，创新带班模式

新职男教师第一任务是到一线带班，且尽量安排在不同的时间段带不同的年龄班。目的是亲密接触幼儿，亲历了解和掌握幼儿一日生活发展规律与特点，获得直接感性经验。既发挥男教师在教学中的优势，又与女教师形成风格、能力、个性等方面的互补。同时，为幼儿与男教师交往提供充足的时间与机会，建立深厚的感情纽带，激发男教师爱孩子、喜欢幼教的情感。

（3）创造成长机会，助推专业发展

①园内培——鼓励男教师发挥在运动、多媒体、棋类等方面的教学特长，通过结对带教、项目授课，技能展示等，实现共享互促。②外出学——输送到著名中学、小学实践培训；送到教委代培摄影技术；与篮坛巨星马布里及奥运冠军等名人交流，开拓专业视野和技能。③高端引——以东城区特级教师为导师，以中小学名优体育教师为师傅，有针对性地进行培养，使男教师在业务上更专更精。请武术教练入园辅导，以彰显阳刚之气；专业研究初见成效时，为他们安排观摩课，强化优势，增强自信。④才华显——通过市区观摩课、教育技能大赛等多种途径为男教师提供锻炼平台，当积聚一定成果时，推荐到中央电视台做讲座，使男教师在获得职业成就感的同时不断向更高的专业目标迈进。近年来，男教师独创的武术操、宝宝足球队、贝贝篮球队、小壮壮搏击操等健康特色课程已成为幼儿园教育品牌。

幼儿园不仅在专业上大力支持，还特别关注男教师生活和心理需求。如：建立研究小组，开展男男教师教育研究；为男教师介绍朋友、租房子，全力为他们排忧解难。

人只有在"被需要"的时候才会感到幸福与价值。就这样在"被需要、受肯定、重培养、促发展"的氛围里，幼儿园男教师表现出极大的工作热情和潜力。目前，男教师中有北京市师德先锋1名，区级骨干教师2名，新锐教师4名，获全国异地教学一、二等奖8人次。

当然，这只是万里长征的第一步，如何充分发挥男教师在幼儿成长中的作用、探索男教师的培养模式是幼儿园今后的研究重点。现东城区率先成立了学前教育男教师沙龙，标志着东城区学前教师培养与发展进入一个新的阶段，可以说是东城学前教育发展的一个里程碑。幼儿园将进一步理清思路，搭建更适宜男教师施展才华的舞台，让幼儿园的男教师更加充满活力、尽展风采，运用独特的育人优势为学前教育作出别样贡献，共同携手为东城教育实现精品特色发展做出贡献！

共享资源，构建一体化人才培养使用模式

教师是推进幼儿园各项工作发展的基础，因此，落实幼儿园"做有梦、有魂、有根的教育"的办园追求，需要切实提升干部、教师的思想文化水平，扎根传统文化，拓展国际视野，培养具有浓厚爱国主义情怀和深厚教育情怀的人才队伍。

❖ **整合人才资源——盘活机制，统筹使用**

在资源共享上，幼儿园首先要做好人才资源的整合，有效发挥"一长两园"的管理优势，在四址间构建起人才共享资源带，即以新中街园址为龙头，构建招聘、入职培训、在职打造、特色培养的循环一体化人才培养使用模式，即统筹招聘、统一培训、统领打造、统分使用。

1.统筹招聘，统一培训

新中街（东直门）本园作为四址教师招聘及新入职教师培训基地，要构建好选入人才、奠定基础的"人才港"。

2.统领打造，统分使用

经"人才港"打造具备一定教育基础能力的教师，统一输出供四址使用。东棉花胡同幼儿园作为夯实教育基础、提升教育专业能力的"加油站"，主要接纳具备3～5年工作经验、需进一步由新职教师向青年教师转换的教育新秀。新中街（鼓楼）分园、春秀路分园作为打造成熟教师、培养特色人才的高平台，接纳具备5～10年工作经验、具有一定教育功底的成熟教师。

❖ **善于构建学习共同体——丰富经验，提升意识**

教师的专业化成长要求教师是一个学习者——一个众多外援支持下的学习者。"学习共同体"是一种重要的外援形式，对教师的学习起着不容忽视的支持

作用。教师学习共同体是教师主动研究的平台。有了这样的团体，教师之间就可以针对一些具体的问题畅所欲言，展开争论，进行思想的碰撞，汲取所需的营养。幼儿园将进一步借助"两园四址"优势完善学习共同体构建，促进教师专业成长。

1. 构建理念——开放教育、终身教育、主体教育

（1）开放教育的理念。教师学习的内容与形式均要开放。

（2）终身教育的理念。要求教师从自身的不足出发，利用网络不断地、经常性地为自己"充电"。

（3）主体教育的理念。强调激发教师个人的学习动机，唤起教师终身学习的积极情感，形成不断学习的强烈愿望。启动教师个体之间、个体与群体之间以及群体与群体之间的互动机制，增强教师参与学习和研究的积极性，克服可能出现的"懈怠"或"心理拒斥"现象，将自我驱动和人际互动统一起来，构建教师成长的学习共同体。

2. 构建原则——多元化、多层次构成网络状、立体的组织结构

多元化指构成人员多元，其中涵盖"两园四址"的所有教师、中高层管理者。同时，各学习共同体的研究内容和形式也是多元的。多层次指的是组织结构包括不同层次：骨干教师活动小组、学科教研组、课题研究组。

3. 构建方式

确立共同愿景、建立互动学习组织、建立开放研修制度、开展合作课程实践、构建共享信息平台。

（1）确立共同愿景。打造一支理念先进、师德高尚、技能过硬、教育家式的干部教师队伍。着重开展"三才"（通才、专才、英才）培养，使干部、教师个个成才。

（2）建立互动学习组织。专家、幼儿园中层干部、一线教师，共同形成合作研究的互动性学习组织。

4. 组织形式

跨园：骨干教师活动小组、五领域学科小组；分址：园本教研组、课题研究小组。

5. 基本内容

业务学习、集体备课、教学观摩、教学研究、案例分析、问题会诊、专题

研讨、课题研究。

6. 建立开放研修制度

依据学习需要，打破园际界限，开展跨园互动研修，实现四址教师以学习小组为统领，互助共研。

7. 构建共享信息平台

以学习小组为统领，创建"两园四址""学习共享"网络平台，实现教师知识信息的共享。

选贤育能，助推干部、教师全面成长和发展

2018年发布的《中共中央国务院关于学前教育深化改革规范发展的若干意见》，从九个方面3、5条意见，把学前教育事业、幼儿教师推向了教育体系的重要地位。党和国家对幼教工作的重视让教师们心生鼓舞、勤勉自励。同时，也促使教师们树立了更高的理想信念，以更高的要求和标准去思考教师的专业发展。面对新时期、新要求，幼儿园秉承"精业厚德"的团队文化和雁行管理模式，助推干部队伍和教师队伍向美向善，实现全面成长和发展。

❖ 多措并举——淬炼干部能力

中层干部是幼儿园的关键群体，需要有关键作为。幼儿园通过"一个项目、两次复盘、三步法则、多元培训"的方式着力提升干部的四种能力，引领每位干部成为"行家里手"，形成幼儿园发展的中坚力量。

1. 一个项目——增进管理能力

所谓"项目"，是指将幼儿园一年的重点工作以"一个一个项目"的形式进行"招标"。比如：六一嘉年华、儿童戏剧节等庆典活动，新职教师专业技能比赛等展示活动，安全实践活动、亲子运动会、家长课堂等共育活动。中层干部自愿组成项目组进行"投标"，经审议"中标后"分别承担总监、副总监等工作，合作完成该项目。"项目制"是幼儿园提高管理效率的一种尝试，将"执行"与"创新"进行结合，是中层干部自主、凝聚、创新、实践的成长载体。

2. 两次复盘——提升反思能力

幼儿园提出学习研讨与行动研究相依托的"复盘"机制，通过自我复盘与

复盘他人，将经验转化成能力，进行自我反思。如：在每月的全园行政联席会上，规定每位干部在时间内完成复盘式的案例分析。即：通过回顾目标、总结规律、评估结果、分析原因对过去的事情做思维演练。整个过程以自我梳理、他人评价为指引，帮助干部提炼精华、思考不足、调整思路，为他们摁下自我成长的按钮。

3. 三步法则——强化服务能力

有效的服务源于有效的沟通。幼儿园要求干部在服务教师时要做到三步，即：多一步倾听、多一步指导、多一步反问。在指导工作之前，首先悬置自己的想法，多倾听教师的心声，抓住问题的关键对症下药；在指导后还要进一步反问，确认教师是否真的听懂了、理解了，真正将指导的内容落实到位。

4. 多元培训——丰厚专业能力

为使每个干部都各显其能、各善其才，幼儿园依据个人特色，为干部、教师量身定制培养计划和发展目标，采取因岗施教的方式提供有针对性的培训和锻炼机会，提升干部的课程领导能力、教师队伍培养能力、问题发现和处置能力与国际信息获取能力。如：针对执行园长的管理工作，为其提供思维导图的培训，让其能够更清晰地梳理幼儿园的整体工作；针对教学主任的工作特点，为其提供了卡内基培训等，有效增强其沟通与指导能力。

❖ **五部曲联动——助推教师发展**

幼儿园拥有一批市级、区级、园级骨干教师梯队。他们是教育一线的"小专家"，拥有最富实践性的教育经验，共享这一人力资源让幼儿园开始更多地探索有效的联动机制，发挥他们的辐射作用。

（1）入职培训打基础。对新入职教师进行幼儿园文化、制度、师德、师能系列培训，使其在入职前对幼儿园及教师工作初步感知、全面了解。

（2）实践轮岗重感悟。入职第一年轮岗实践保育、助教、教养员工作，在实践工作中体验不同岗位的特点、对教师的要求，找差距、定目标。

（3）以德树能促发展。立德树人，紧密围绕师德建设，加强在岗培训，提升教师专业思想水平、专业教育能力。

（4）个性打造具特色。在教师具备常规教育工作能力的基础上，依据个性教育特点聘请专家指导，提供学习培训、观摩评比机会，塑造各具特色的教师。

（5）师徒结对重引领。各园的骨干教师在教育实践中也发挥了榜样、示范和带动作用，让骨干教师分层带徒弟，打破园级、职级的界限，真正地联动起来，更好地满足教师的多元需求。这就拓展了教师视野，锻炼了教师专业技能，为各园教师搭建了可持续发展的平台。

<h2 style="text-align:center">干部、教师队伍培养规划</h2>

以《东城区"十三五"时期教育事业发展规划》、东城区教育人才队伍建设工程精神为指导，结合园所干部、教师队伍现状，以打造一支具有高尚师德、较高专业水平、合理知识结构的干部、教师队伍为目标，特制订幼儿园干部、教师培养规划，为幼儿园的持续发展奠定基础。

一、指导思想

以党的十九大精神为指导，以全面提高师德素养和业务能力为核心，坚持走学习、实践、研究之路，为不同层面教师搭建成长平台，努力打造一支师德素养好、专业素质高、教育能力强、充满活力的干部、教师队伍，促进幼儿园可持续发展。

二、培养目标

（一）总目标

以师德建设为核心，以提高教学质量为根本，以培养青年教师为突破口，培养打造一支师德高尚、乐学善思、勤研务实、勇于创新、具有较高专业理论水平及教育教学能力，适应时代发展和教育改革需要的优秀干部、教师队伍。

（二）具体目标

1. 新职教师（3年内）

完成从学生到合格教师的转变，基本熟悉幼儿园各项教育教学常规工作，有教育责任感，能独立制订活动计划、组织开展班级活动。

2. 青年教师（10年内）

完成从合格教师向成熟教师的转变，学科专业知识扎实，能够掌握各年龄段幼儿年龄、发展特点，熟悉教材内容和教学方法要求，注重提高观察分析幼儿、制定适宜教育目标、有效开展教育活动的能力。积极参与园本教研和课题研究，在实践工作中不断总结经验，逐步形成教学特色。

3. 成熟教师（10年以上）

遵循教育规律，灵活运用理论指导教育实践，具有整合多领域教育的能力，积极参与园本教研和课题研究活动，积累成功经验，在园所工作中起到带头和辐射作用。

4. 骨干教师

①区级（学前）骨干教师：进一步提高政治思想和职业道德，提升自主教育研究能力，优化能力结构，提高综合素质，形成德才兼备、教育风格突出、引领园所教育实践的骨干教师群体。

②园级骨干教师：进一步更新现代教育观念，建构合理的知识结构，能自主开展教育教学、科研研究，在本园范围内具有指导、带头作用。

5. 特色教师

进一步熟练掌握各年龄段幼儿领域发展目标，能够依据幼儿年龄特点及发展阶段，制订适宜有效的教育计划，采用多种手段促进幼儿对美的欣赏、感受能力的提高，激发幼儿表达、表现的欲望，满足、支持幼儿表达、表现美的愿望和需要。

6. 干部

选送干部参加东城区后备干部培训，推荐参与市区学习培训项目，注重师德素养、专业理论、实践指导等全面综合素养的提升与打造。

三、培养措施

1. 师德修养

加强师德培训，增强干部教师的事业心和责任感。

（1）园内定期组织干部、教师学习有关的名师的文章，参与学区以上师德演讲、征文比赛、优秀事迹报告会等，引领教师树立崇高的职业理想，静心教书、潜心育人。

（2）结合日常中的工作和相关的师德问题，采取集体交流和讨论、演讲等多种方式树立典型，弘扬良好师德。

（3）进一步完善以师德、师风为主要内容的教师考核、评价方法。

2. 专业化理论水平

（1）进修培训。为干部、各级骨干教师培养对象创造各种学习、进修、研究和实践的条件，为其优先提供外出学习机会，支持干部、骨干教师进行在职学历进修、参加继续教育，提供有关职业道德类、教育思想类、多媒体技术应用及学科领域教育方法、教育研究等理论书籍，拓宽教师视野，提高运用先进的教育理念指导教学实践的能力。

（2）园本培训。以园本培训为主要载体，围绕园所领域教育及特色教育、教师教育观念与行为、教育能力的提高、多媒体在教育教学中的应用等内容开展学习，实现干部、教师间的共享交流。

（3）自主学习。在干部、教师中开展"读一本好书，促一项转变"活动，即提倡依据自身个性化发展需求，围绕师德、现代教育教学理论、教育科研方法与课题研究等内容，每学期选学1本好书，强化结合个人实践工作的反思，提高从理论向实践的转化能力。

3. 教育实践能力

注重加强干部、教师教育教学研究能力，鼓励运用新理论、新观念、新思维、新方法开展教科研活动，带着课题边学、边教、边研、边创，善于把实践经验升华为理论，形成个人教学风格。

1. 专家引领。聘请领域教育、教科研开展等方面具有专长的教学专家定期培养、指导干部和各级教师，提升教育研究与实践的能力。

2. 在园内开展骨干教师与青年教师"结对助教"活动。努力发挥骨干教师的辐射带动作用，通过互相听课、评课，在教育教学研究、班级管理、教育幼儿等方面深入地进行研究、切磋，使青年教师快速成长。

3. 区级骨干教师参与园所教育（课题）管理工作，不定期吸纳骨干教师参与行政教研，提升综合素质与宏观管理能力。

4. 对骨干教师从教育教学理论、多媒体教学课件、课堂教学、课题研究及培训出勤等方面进行考核。骨干教师必须认真完成"在岗研修"期间的学习、实践任务，包括上研究课或公开课的教案、评课稿、课题研究方案、专题讲座的讲稿等文字材料。

5. 第一年工作的新教师，继续进行班级常规及业务两方面的跟班学习，每月进行一次新教师成长课展示，并完成相关的观摩评析，使其较快地拥有独立带班的能力。

6. 对工作2~3年的新教师逐步放手，独立承担班级工作，加强业务方面的跟班学习，每学期两次成长展示课，然后进行评析、反馈，或自评或他评，逐步完成将他人评析进行内化、调整教育行为的过程。通过园本研修、外出跟班等机会，进一步提高业务素养。

7. 积极开展教研组、课题组的实践研究，提高干部、教师教育教学实践和研究能力。选送教师积极参加学区以上各类教学评比活动，提高设计活动、组织活动的能力。

思想引领，强调师德师风建设要向美向善

教师高尚的人格魅力是教师美好心灵的外在显现，它体现在一点一滴的日常教育中。在教育教学活动中，教师对儿童的影响自然带有深厚的情感因素，正如陶行知先生所说，"真教育是心心相印的活动，唯独从心里发出来，才能达到心的深处"。因此，塑造高尚的教师人格就要以师为本，从教师心灵的塑造开始，在实践中逐渐成熟。也就是说，教师人格魅力是对品德、智慧和价值的不懈追求，这种追求会成为教师的综合素养，具有巨大的教育价值。

幼儿园始终坚持以德育人、以情感人、以爱暖人，让教师与美善同行，进一步提升教师团队的思想道德素养，促进师德师风向美向善发展。

❖ 以德育人

人之师，德为本，培养教师大爱情怀。爱事业、精教育、知童心、担责任是教师们始终遵循的育师之本。幼儿园倡导教师内修品德、爱存于心，外树形象、爱化于行。

第斯多惠说："教学的艺术不在于传授本领，而在善于激励唤醒和鼓舞。"一个"我第一个爱的孩子不是我的孩子"的视频刷爆了朋友圈，短短几分钟的视频，淋漓尽致地解说了平凡岗位中的付出。幼儿教师是孩子离开家庭、步入社会的启蒙教育者，唤醒教师的教育情怀、植爱于心，是打造教师专业发展的基石。教师的职业幸福感要落在提升师德水平及体验自身工作价值上。幼儿园相继开展了提升教师师德的活动。

①身临其境的"听"——听先进英模报告，树立学习榜样。使大家感受"传道以爱、授业以识"的高尚情操；听身边感人故事，学他人优秀品德。在发现

分享中推先进、促提高。

②融入情感的"说"——听身边感人故事，学他人优秀品德。联合开展"我身边的榜样"座谈交流及演讲活动，倡导大家捕捉日常点滴小事，在发现、分享中推先进、促提高。

③一丝不苟的"学"——学礼仪规范标准，立言行示范要求，让气质端庄、举止大方、服饰得体、言行规范。学法律知识，增强安全意识和法律规范。制定师德规范标准细则，在学习中转变行为。

④从始至终的"做"——做发展规划，设定目标，主动做一名良师。做日常工作表率，评师德先进标兵。引导教师学在心，落于行。在期末评价中开展"师德表率"评先活动，鼓励大家学先进、做先进、争先进。

❖ **以爱暖人**

"阳光教师培养阳光儿童"，育心先悦己，幼儿园倡导对教师"沁入心灵、启迪智慧"的人文管理，即营造关怀、和谐、轻松愉悦的工作氛围。团队温暖了，教师才会幸福；教师幸福了，幼儿才会快乐。幼儿园注重解读教师内心、了解需要，帮助其转化思维方式，变思想压力为行为动力，以丰富活动奠定健康基础，通过活动让教师感受健康之美，形成积极向上的工作精神。幼儿园有位单身教师独自抚养患有脑瘫的儿子，除了平日给予更多的关怀与慰问，幼儿园还适时地为其申请政府津贴，使其得到市区教委领导的亲切关怀；定期走访不同教师（如：患病、休产假的教师等）、定期组织进行"送温暖、献爱心"慰问老教师活动，使大家在与领导、前辈的互动交流中学会关爱、懂得感恩。

例1：以爱育爱

2017年"红黄蓝事件"之后，学前教育被推到了风口浪尖，社会舆论和家长的紧张给幼儿园教师造成了一定的心理压力。园长听干部们反映，有的家长在接送孩子的时候拉着干部的手说："老师，我知道咱们幼儿园是公办幼儿园，管理规范严格，不会出现这样的问题，但还是想问一下，咱们的老师都是正规院校毕业的吧？"面对这样一个突发事件所带来的信任危机，园长就一直在思考，怎样才能在减轻教师思想负担的前提下，进一步拉紧师德红线，规范教师带班行为。经过干部行政会讨论，幼儿园本着一颗关怀的心将这些负面事件做成研讨的主题点，带领干部、教师坐下来一起研讨，鼓励教师们发现自身的优势和带班中的一些不足，梳理并完善了教师带班行为注意事项，将压力转变为成长智慧，幼儿园的工作也得到了很多家长的支持和信任。

❖ 以情感人

幼儿园注重解读教师内心，了解教师需要，帮助教师转化思维方式，变思想上的压力为行动上的动力。如：干部定期领读《工作即做人》一书、请专家讲"做快乐的幼儿教师"等，帮助教师理解工作的真正意义和人生的价值，使主动做好工作变为教师的自觉行为；幼儿园增设"聊吧"，建立"干群谈心日"，引导教师学习自我心理疏导方法，使教师有场所倾诉，有方法调节，让教师的微笑成就孩子每一天的快乐生活；针对现代教师思维活跃、爱好广泛的特点，幼儿园组织进行野外拓展训练、模拟射击游戏、观看有意义的影视作品（如《建国大业》《唐山大地震》等），在减缓压力的同时，形成积极向上的团队精神，以阳光心态，全力做好工作。

例2：传承师爱

2018年，幼儿园借着改革开放40周年和60年园庆的契机，邀请幼儿园的老教师们回到幼儿园，给青年教师们讲述园史，追溯教育初衷。

当时幼儿园的老教师们和青年教师们围坐在一起，大家都聚精会神地听老教师讲故事。一位从教36年的王老师这样说道："大家看到现在的新中街幼儿园，很难想象她原来的样子。那时候幼儿园就在居民楼里，连大门都没有。教室里没有风扇，和现在比起来，简陋得不行。那个时候虽然物质很匮乏，但是却没觉得苦，每天想的就是怎样把眼前的活动做好，把眼前这群孩子带好……看到孩子们一双双亮晶晶的眼睛，一张张天真的面孔，就是我觉得最快乐的事。"最后，王老师用最真挚的感情，把她从教36年体会最深的一句肺腑之言送给青年教师——"为一事而来，为一事而去，此生足矣"。

老教师饱含深情的讲述，让现场很多教师都热泪盈眶。他们对教育、对孩子执着而纯粹的爱，对工作孜孜不倦、脚踏实地的敬业精神无声无形，却温暖而有力量，感染了在座的每一个人。

❖ **美善同行**

幼儿园坚持立德为先、思想铸魂。在"大党建"引领下，以"美善文化"浸润品格，依据学前教育特性，培养教师聚焦于热爱、尊重和生命陪伴的品质，涵养师德，让每个人都成为思政教师，以正确的人生观、价值观在孩子幼小的心灵中埋下真善美的种子，让家国情怀点亮孩子的生命底色。

1. 榜样力量引领人

定期开展"寻找身边榜样"等活动，用一个个闪光点串成师德文化。

2. 长效学习丰富人

编印党建"口袋书"，让学习时时发生。

3. 品格教育涵养人

开展品格课程研究，将社会主义核心价值观渗透一日生活，让教师知行合一，做塑造孩子品格、品行、品味的大先生。

4. 专业研磨塑造人

人人参与尊重课题，在讲"爱的故事"中分享温暖瞬间，实现"德"与"业"双提高。

特别是在艰难时刻，教师们以疫情为"教材"，融"保、教、医、食、安"为一体，全方位做好家园相依，彰显师德成效。中国教科院遴选83位教师进行"爱的陪伴"故事宣讲，我园5位教师参与其中，为全市小朋友开展线上教育，践行初心。

第二节　以爱引善，成长美，培育全面发展的新时代幼儿

习近平总书记指出，我们要厚植爱国主义情感，以立德树人的大梦想、大境界、大情怀，在青年一代心中埋下真善美的种子。真善美的种子在儿童期就开始萌发。儿童时期所接受的教育，对于形成正确的世界观具有重要意义。儿童期是生命价值观的意识萌芽期，对于生命的认识需要教育者

来引导。通过教育，让儿童的生命更加丰满，让儿童能够意识到生命的美好，懂得生命的价值。

生命是美好的，儿童的童年也是美好的。教育是要让儿童在童年感受到生命的真善美，感知生命的美好。幼儿园将教育的导向与思路回归到生命本质上来，从科学的角度出发，从生命的真善美出发，尊重生命，以爱引善，从小播下美的种子，培育全面发展的新时代幼儿。

树立现代儿童观——做尊重支持的生命美育

教师的儿童观是一种以意识或潜意识的形式存在，能够深刻影响教师教育教学实践行为的内在认识，所以树立积极的儿童观是幼儿教师自我矫正自身教育行为的前提条件。《幼儿园教育指导纲要》强调：幼儿园教育应尊重幼儿的人格和权利，尊重幼儿身心发展的规律和学习特点，尊重幼儿的个体差异。幼儿园教师是教育的执行者，在教育和教学的过程中应该尽量做到尊重孩子，给孩子自信，让他们在自信中健康地成长。

儿童是一个独立有思想的个体，鉴于此，将以往片面追求某方面或几方面发展的目标转变为遵循幼儿发展规律和学习特点；关注幼儿身心全面和谐发展；注重学习与发展各领域之间的相互渗透和整合，多角度促进幼儿全面协调发展。为此做了如下尝试。

❖ 善用儿童视角，倾听儿童内心

与儿童平视才能真正理解他们的内心世界，尊重、倾听孩子的想法才能走进他们的世界。学习《指南》后，教师们深入挖掘尊重的内涵：从蹲下来、走过去的外显行为，延展为仔细听、放开手、伸出手、拍拍手的内涵教育。

举例：（PPT脸上的阴影）以前看到这幅画，大部分人都会觉得女孩儿脸上的棕色很奇怪，影响作品的美感。教师也许会说"不错"，然后把作品小心收藏。现在，教师做的是第一时间倾听作品背后的故事，并及时鼓励。（介绍这幅画）小作者说："今天天气真好，太阳的影子都照在我的脸上了！"大家是不是感叹孩子对生活细致的观察及独到的视角呢！

❖ **活用教育方式，追随儿童兴趣**

兴趣是幼儿认识世界、获取知识、发展能力的内在动力，也是激发幼儿探索的基础。教师从注重引导兴趣生成活动，转变为留心观察、适宜分析、换位思考、适时回应，培养幼儿真正成为自我学习的小主人。

举例：在一个大雪的早晨，漫天的雪花把孩子们的心带到了户外。教师看到孩子的高涨的情绪，及时调整了计划，和孩子一起在雪中游戏，一起观察雪花飘落的样子，发现雪花落在衣服上、头发上、手心里的变化，有趣的冰雪游戏萌发了孩子表现的愿望。他们拿起剪刀，表达心声。源于生活的感受和体验使每个孩子创作的作品都各不相同（此时展示儿童作品，逐一解读）。幼儿园进一步认识到教师追随孩子兴趣时，孩子的创意是无限的。

❖ **适用欣赏眼光，发现儿童力量**

儿童的"内在生命力"是一种积极的、活动的、发展着的存在，具有无穷无尽的潜能。教师应该用欣赏的眼光激发、促进儿童"内在潜能"的发挥，使其自然、自由地发展。在学习《指南》中，幼儿园将面向大众的做法，转变为关注每个孩子的闪光点，欣赏孩子的独特性，使儿童成为推动教育发展的强大动力。

举例：孩子特别喜欢小树枝、小石子，常常会把这些"宝贝"藏在自己兜里。以往教师会从安全的角度出发收藏起来。在《指南》精神引领下，现在教师会和他们一起发现树枝、石子的色彩、形状、造型，共同收集、一起探索，将它们变成了建筑区的小树、美工区的展示架，小小的树枝、石子成为自然教育引领的主线。儿童力量使游戏区域变得丰富、多样、有趣，孩子们在探索中自信地成长。

以美树德善其品

德育自古就是中华民族教育的核心任务，"借美向善""立美导善"等理念的提出，要求教师们通过美的情感激发和增强幼儿辨别美丑善恶的能力，激发幼儿对事物的美善情感，促进幼儿趋美向善的行为。现实生活中有多种多样的美的事物，它们都蕴含着丰富、美好的情感，当它们与美育有机融合时，就赋予了美育以生活气息；当它们渗透到幼儿全部生活中时，就能有效激发幼儿积极的情感体验，潜移默化地影响幼儿的情感、想象、思想、意志和性格，促进幼儿向美向善。

幼儿园把以美树德作为幼儿园德育工作的重要目标，将美育内容和实际生活相结合，培养幼儿积极向上的善的品格。"以美树德善其品"主要包含以下内容。

❖ 学会自理自立

围绕《指南》中的社会领域发展目标，幼儿园结合幼儿的年龄特点，开展"我爱我家""我长大了""独特的我"等主题活动，培养幼儿的自我服务能力、文明守礼的良好习惯等。

从入园阶段开始，幼儿园就开始有意识地培养幼儿的自理、自立能力。幼儿园通过主题活动的方式，将教育纳入一日生活和游戏之中，使幼儿在潜移默化中做到自理、自立。例如，小班幼儿以具体形象思维为主，刚入园时，大都经历了一段时间的分离焦虑，之后，情绪才逐渐稳定下来。这一时间段，教师可以利用幼儿最为熟悉的内容，开展有关自理、自立能力培养的系列活动。教师通过日常观察了解到，幼儿经过一段时间的幼儿园生活后，已经开始喜欢上幼儿园生活了。虽然幼儿已经学会了一些基本的生活自理方法，70%的幼儿甚至能够独立完成简单的生活活动，但其自主意识不强，如果能在幼儿刚入园到熟悉幼儿园生活的这一段时间内开展自理、自立教育活动，将会更有效地增强幼儿的自主意识和自理能力。

在幼儿园教育中，德、智、体、美、劳都非常重要。从小培养幼儿良好的生活习惯与自己动手做力所能及的事情的习惯，更是小班幼儿健康发展的目标。为了实现这一目标，教师们针对幼儿在日常生活中出现的一些问题，结合幼儿发展目标及小班幼儿喜欢摸一摸、动一动的年龄特点，从幼儿的兴趣点出发，围绕"小手动起来"开展主题活动。

手是身体的重要部位，也是人类进化的重要标志。对于幼儿来说，他们的手不仅具有吃饭、玩游戏的功能，还是学习知识、探索世界、促进自身发育的重要媒介。在小班开展各种与手有关的活动，既可以促进他们大脑潜能的开发与发展，又能让他们探索、学习与身体重要部位有关的内容。

幼儿园的教师通过开展各种活动,既让幼儿认识了手的外部特征,了解了手所具有的特别功能,知道手在日常生活中的重要作用,又进一步培养了幼儿的生活自理能力,让幼儿展现自己的能力,帮助他们获得自信心,以积极乐观的心态参加各种活动。教师们也会在活动中注意培养幼儿的观察能力与比较能力,激发他们的想象力,带领幼儿尝试使用多种美术材料,让幼儿利用手和脚大胆地探索环境,亲手实践各种活动。当然,在活动中教师们会让幼儿学会保护自己的手。

❖ **懂得爱护环境**

幼儿园注重环境熏陶。在环境的熏陶下,幼儿心智会受到更好的启迪。根据不同年龄幼儿的理解方式,幼儿园开展了相应的环保活动、游戏,如"身边的小区""春天的秘密"等。开展以环保为主题的儿童节表演,在各种各样的活动中引导幼儿通过实际观察、小组调查等方式,认识身边的环境,发现环境中美的事物,了解环境保护的重要性,同时注重培养幼儿将环保意识融入生活中的点点滴滴。

幼儿园的中班教师在开展活动时感悟到:生活环境虽是幼儿最好的学习环境,但由于幼儿年龄小,不善于总结,因此还不能理解破坏环境所造成的后果。于是,针对班级幼儿的年龄特点,教师们设计了一系列活动来加强幼儿的环保教育。如通过幼儿园设计开展的"清洁工具"的活动,幼儿知道了一些清洁工具的名称,了解了它们的基本用途,还利用一些废旧物品,如塑料袋、广告纸、吸管、纸杯等,制作了小风车、飞碟等,用这些废旧物品制成的玩具进行"袋鼠跳""小风车""飞碟"等体育游戏。在各个区域里都可以看到教师们利用幼儿收集的废旧物品制作的教学玩具,幼儿都对用自己带回来的物品制作的教学玩具非常感兴趣。"清洁工具"活动的开展不仅增强了幼儿的环保意识,还给幼儿带来了更多动手操作的机会。

大班教师也有自己的独到设计:把环保教育作为一个中心点,将环保知识从这一中心点向四周辐射,将丰富多彩的环保教育内容渗透到幼儿的一日生活中。如在班级开展"减少垃圾"的专题活动,让幼儿讨论"垃圾从哪里来""垃圾多了会怎么样""动脑筋让垃圾变宝"等内容;通过展览、绘画、利用废旧材料等让幼儿进行美工制作等有趣的活动,使幼儿了解垃圾对环境造成的污染,并懂得管理好垃圾、保护环境必须从我做起，从自身感受中获得环保知识。在这些活动的影响下，幼儿纷纷把家里的废物，如废纸、铁盒等拿到幼儿园，用自己的小手制作手工艺品，通过剪剪、贴贴、画画等不同形式进行环境布置，从中感受到垃圾再利用的好处。而这一活动本身就是一种生动、直观、有趣的环保教育。

❖ 学会感恩

幼儿园结合中外传统节日渗透感恩教育，开展了"我爱妈妈""情满中秋"等主题活动、庆祝活动，借助传统节日的契机，带领幼儿了解传统文化，体验传统风俗，让幼儿懂得关怀、亲情和友情，懂得关心和付出才有回报的道理。

例如，小班教师在感恩节到来之际，开展了感恩节系列活动，目的是通过感恩节的活动让幼儿了解感恩节的意义，让幼儿从小就拥有一颗感恩的心，学会感恩。同时，通过活动让幼儿感受、体验幼儿园活动的快乐，让每个幼儿都能自由、毫无拘束地表现自我。

一些教师在班级中通过开展语言活动"猜猜我有多爱你"、社会活动"小熊旅行"、英语活动"Thanksgiving"、音乐活动"小乌鸦爱妈妈"、美术活动"心愿卡"等，让幼儿感受家人、教师、身边的人对自己的爱，同时学着用自己的小手为大家做事情、帮助别人，学会爱别人。

《小乌鸦爱妈妈》《给爸爸妈妈敲敲背捶捶腿》等是幼儿很喜欢唱、喜欢表演的歌曲，教师们就鼓励幼儿回家唱给爸爸妈妈听。幼儿在唱歌的过程中，也学会了如何向别人表达自己的爱。教师还带领幼儿一起制作心愿卡，鼓励幼儿自己动手大胆制作。虽然幼儿还很小，但在制作过程中他们每个人都表现得非常积极，自己设计心愿卡，自己完成作品，整个过程中幼儿都显得非常开心。有的幼儿还请教师帮忙写下自己想对爸爸妈妈、爷爷奶奶说的话。这次自己动手制作心愿卡的活动让幼儿记忆深刻。

通过亲手制作心愿卡的活动让幼儿感谢身边的每个人，使幼儿了解到每天关心他、爱护他、帮助他的，除了辛苦养育他们的父母、爷爷奶奶，还有园所内的保育老师、班级老师和做后勤的叔叔阿姨们。除此之外，教师们还通过各种形式让幼儿去体验和感受身边人的辛苦，让他们懂得感恩。

感恩节活动的成功开展，也离不开家长的高度配合。教师将幼儿每天所学通过微信与家长沟通，同时也和家长商讨给幼儿布置一些在家里能够完成的小任务，家长们都非常配合。家长每天都能有意识地和幼儿谈一些相关话题，引导幼儿完成小任务。在这个过程中，家长们也感受到了幼儿浓浓的爱。像"给爸爸妈妈抹油"的活动，很多家长发来信息说，小朋友回家后主动要给爸爸妈妈抹油，他们都非常感动。他们感觉在教师的教育下，自家的孩子真的长大了！

感恩节系列活动虽然只开展了短短一周的时间，但幼儿的感恩之心永远存在。在日常活动中，教师也通过各种小的活动，让幼儿慢慢体会、用心感受生活中的爱。幼儿学会感恩、懂得感恩后，便会将感恩化作一种充满爱意的行动，并付诸生活实践。

❖ 学会与人交往

抓住一切契机，支持幼儿将亲身探索、体验获得的情感转化为良好的行为习惯。如中班幼儿活泼好动，社会性快速发展，喜欢和小朋友交往，但是交往的方法非常欠缺。教师及时抓住幼儿的这一年龄段特点，开展"我的好朋友"主题活动，引导幼儿寻找和发现和同伴交往的方法、学会解决交往中产生的冲突和摩擦、学会爱与被爱，以促进幼儿社会性的发展。

苏联教育家马卡连柯曾说过："在学生的思想和行为中间有一条小小的鸿沟，需要用实践把这条鸿沟填满。"现实生活中，幼儿常出现"言行不一""知行脱节"等现象，致使道德教育形同虚设，效果很不明显。为了解决这一问题，幼儿园主要从以下几个方面入手，引导幼儿的情感，促进知行合一。

首先，教师们在游戏中教会幼儿使用基本的礼貌用语。幼儿在平常的生活中，经常撞倒了对方或踩到了对方却连一句"对不起"都不说，缺乏起码的礼貌。同伴交往最基本的是要学会礼貌用语。有的幼儿比较胆怯，明知道自己做错了，也知道该说"对不起"，却羞于说出口，害怕对方拒绝自己，所以总是不主动去说。如果教师不加以正确引导，幼儿可能永远都学不会做错事后主动道歉，这会在很大程度上影响幼儿的交往能力，甚至导致其没有朋友。

那怎样才能培养和提高幼儿自己解决问题、处理矛盾的能力呢？如何教会幼儿一些协调同伴关系的方法呢？

在生活和游戏中，可以利用幼儿爱模仿的特点，让教师刻意扮演一个"冒失"的教师。比如：组织排队时手臂"不小心"碰到幼儿；给配班教师递东西时把东西掉在地上；游戏时"故意"与幼儿发生轻微碰撞等。每当"意外事件"发生时，教师都要第一时间面带微笑主动道歉，在得到原谅后主动跟幼儿拉拉手，或者拥抱幼儿一下。幼儿的模仿能力很强，自己犯错误时，会下意识地模仿教师道歉时的样子。在教师的潜移默化下，越来越多的幼儿在犯错时已经会主动道歉，接受别人道歉时也学会说"没关系"了。同时，他们在模仿教师言行举止的过程中，还学会了正确使用礼貌用语，如请求别人帮助时会说"请"，接受别人帮助后会说"谢谢"。礼貌用语的正确运用使幼儿之间的友好关系步入了一个良性发展状态。

其次，开展形式多样的游戏活动，让幼儿了解交往中的良好行为。在幼儿园里的日常生活和游戏中，幼儿间"告状"的声音总会此起彼伏。有些幼儿占有心理很重，什么东西都爱往自己面前放，不会谦让。"他不跟我玩""他使劲在我耳边大声喊""他的玩具不借给我"等，这是幼儿交往中最易产生的主要矛盾和问题。教师们利用讲故事、念儿歌、情境表演等方法，帮助幼儿理解和学会友爱互助、分享合作。例如，向幼儿提出一些问题，引导幼儿讨论：当只有一个玩具，两个朋友都想玩时，怎么办？引导幼儿归纳总结出解决矛盾的正确方法，鼓励幼儿与同伴协商游戏的玩法，如"两个人轮流玩"或者"两人一起玩"等，然后请幼儿讨论并说一说他们应该怎么做，并进行表演，让幼儿在快乐的模仿表演活动中练习与运用礼貌用语，了解交往中的良好行为，如轮流、交换、妥协等。

教师加入幼儿的活动，也是教给幼儿交往技能的良好途径。玩玩具时，教师要主动走到幼儿中间，暗示某些小朋友看看教师有什么好主意、好方法，是怎么和小伙伴说的、做的。教师要平等友爱地与他们一起合作建构，分享成功的快乐。在幼儿做出了初步的分享行为后，如幼儿在幼儿园里过生日，当"小主角"说出"今天是我的生日，我带来了大蛋糕和小朋友们一起分享"的话时，教师应给予积极的赞赏和鼓励，让幼儿体验到分享的快乐，逐渐内化分享意识。早上入园、下午离园时，教师也要面带微笑，主动热情地与幼儿和家长问好、告别。久而久之，教师的言行会渐渐地带动幼儿的热情，激发他们活动、交往的愿望。

以美健体善其能

健康的体魄是实现美育的坚实基础，体育则为美育提供了物质可能。体育本身可以阐释美：一方面是外在的身体美——在运动中形体所表现出的曲线、韵律、节奏等的高度和谐；另一方面是内在的身体美——在运动中不断总结、积累而逐渐形成的一种素养，如运动精神，在身心愉快的运动中形成和完善品格。

寓美育于健康培养之中，能丰富健康教育的内容与形式，而且能够愉悦幼儿的心理，有效提高健康教育的质量。幼儿园把以美健体作为幼儿园体育的重要途径和手段，让幼儿在运动中感受美，在美中强健体魄、完善人格。

❖ 在运动中感受美感力量

借助幼儿在运动中感受到的美感力量，帮助幼儿确立审美心理、树立审美理想。如在"身体动起来"的主题活动中，挖掘体育活动中每个环节的美感元素，选择适宜的音乐，让幼儿懂得美，做到队列整齐、姿势正确优美，具有良好的体育道德。幼儿园在主题总目标的设定中，注重挖掘运动中美的元素。

①通过队列活动，培养布局美和整体美。

②选择符合幼儿动作发展的音乐，让幼儿在体育锻炼中感受不同的音乐之美。

③加强儿童锻炼表现美，使其体态健美，如协调而轻柔的动作。

④集体游戏自然融入学习品质的培养，塑造美的心灵。

⑤放松活动与音乐、舞蹈结合，增强幼儿的审美情趣。

⑥在体育竞技中，进行体育美的教育，如神形兼备的民族风格、力与美的结合。

❖ 在运动中促进健康发展

1. 教师引导，激发兴趣

以亲切的教态营造宽松、和谐的氛围；以精炼、生动、清晰的语言和形象比喻，引发幼儿乐于尝试、敢于挑战的愿望；以动作的轻松优美，带给幼儿愉悦积极的情感体验；以教育形式、手段、方法的灵活性，增强幼儿活动的乐趣与情趣。由此实现健与美的结合，达到促进幼儿身心健康成长的目的。

2. 幼儿探索，科学导航

依据幼儿的特点，开展趣味体态律动，支持幼儿将身体视为乐器，在体操、游戏、综合体能活动中，运用肢体表现音乐节奏，提高锻炼兴趣。提供引发探索具有四大特征的魔力游戏材料——一物多玩、一物多变、支持自检、安全易收，支持幼儿创造性地开展游戏、锻炼身体。依据幼儿的生理特点，以保证安全为基础，开展循序渐进的锻炼。幼儿的运动量从弱到强，运动时间从短到长，等运动量达到一定程度后，再通过游戏引导幼儿进行养护放松。针对幼儿的个性特点，开展因人而异的个性运动。以游戏的形式激励胖宝宝进行十分钟的拍球、跳绳、踢毽子、搏击操等游戏，加快有氧代谢、分解脂肪、消耗热能。结合幼儿的兴趣，开展足球游戏、篮球游戏等团队对抗游戏，增强幼儿身体的灵活性、协调性，培养合作竞争意识。

在大班，幼儿的认知面不断扩大，爱学、好问，有极强的求知欲，兴趣的广泛度也不断增加，喜欢有一定挑战性的学习内容、问题情境，那些经过自己的努力克服困难和解决问题的成功体验会带给他们极大的满足和快乐。大班教师根据幼儿的这些特点，抓住了幼儿户外游戏的兴趣点，开展"探索球类的奥秘"主题活动，为幼儿们创设了一个足够的空间，以球类活动为载体，将足球、篮球、排球、羽毛球、乒乓球、水球等活动与幼儿园五大领域内容相结合，充分调动幼儿的自主探索欲望，并将健康、科学、艺术、语言、社会等整合在一起，使他们对球类运动有一个全新的认识。同时，通过了解足球的故事，学习踢球的方法，了解团队配合的策略，发展幼儿自信勇敢、乐于沟通、团结合作、互相帮助、爱心传递的优良品质。

教师在活动中观察到：在某一时间段幼儿特别喜欢玩球类游戏，每个人都想当球员明星。在一次户外活动中，教师给幼儿们提供了许多球，组织他们活动。幼儿在观看篮球比赛时常见运动员一边运球一边行走，于是幼儿也开始模仿运动员的动作练起来。别的幼儿都玩得非常起劲，只有涛涛拍球时总是拍不了几下，球就跑了，连续几次后涛涛就不玩了。看到有些沮丧的涛涛，教师赶忙走过去，问："涛涛你怎么不玩了？怎么有些不高兴的样子？""球老跑，都练了几次还是跑了，不想玩了，没意思。"他一脸委屈又倔强地说完，站起来就走了。看他失去信心要走，教师追过去惊讶地说："原来你也遇到这个困难啦。

我也是没拍几下球就跑了，一往前跑就找不到球了。"听教师这样一说，涛涛马上来了精神。"那你是怎么做到的？"他等着教师告诉他诀窍。可教师皱着眉说："我也没找到好方法，你愿意和我一起试一试吗？"听了这话，涛涛点头，马上跑去拿了两个球。

就这样，教师和幼儿开始尝试拍球并总结方法，先在原地拍球，看看谁拍得多，球还不跑。教师发现原地拍球对涛涛来说没有难度，他几次比赛都赢了教师，于是教师问他原地拍球时手是怎样一上一下地拍球的，拍球时手要拍在球的什么位置球才不会跑。涛涛认真想了一下，总结出"拍球的正上方，用力要均匀"的经验。发现和总结拍球的方法后，涛涛变得更自信了。教师接下来对涛涛说："试一试边走边拍是不是也能这么稳。"涛涛这次很高兴地尝试了，不过边走边拍时，球还是老跑。教师还是用问题提示他："想一想，走起来的时候，球的位置有什么变化？身体和球之间要怎样配合？"涛涛想了一下后，开始认真练习。刚开始时球还是没拍几下就跑了，但得到教师的指导后，涛涛不再轻易放弃，始终坚持练习。涛涛练了好一会儿后，教师问他有没有什么新感受。涛涛认真地说："我发现要是想让球前进，拍球的位置应该是球的后面。拍球时不能走得太快，要不球跟不上，就跑了。"在这次活动中，涛涛通过自己的尝试获得了拍球的新经验和方法，这让他很高兴，信心也大增。活动小结时，教师还请他给大家做了经验介绍，赞扬了涛涛不怕困难、勇于尝试的精神。

通过这个活动，教师深深感受到：在发现幼儿遇到困难时不要急于给予直接帮助，应通过用提问让幼儿总结经验的方法鼓励、引导幼儿自己尝试，在这一过程中幼儿所获得的体会是自己真实的感受，印象自然更为深刻。多给幼儿提供尝试的机会，以便调动幼儿的主动性、积极性，开启幼儿的心智。

以美雅言善其知

幼儿园语言教育教学离不开美育，发挥美的动之以情的情感审美作用，凸显意美以感心、音美以感耳、形美以感目的优美情境，使幼儿在"趣"中获得知识，在"乐"中受到思想熏陶，在实践中乐于交流，以培养幼儿文明乐言的品行。

幼儿园把"以美雅言"作为幼儿园日常工作的重要目标，渗透到一日生活的方方面面，在活动和游戏中切实落实充满美的语言教育。"以美雅言善其知"主要体现在以下方面。

❖ 在有趣的语言活动中扩展经验

在有趣的语言活动中扩展经验，营造幼儿语言发展的条件，通过文学作品让幼儿感受到故事、诗歌中的意境美和词句美，发展幼儿的思维和情感。

1. 在语言活动中唤起幼儿的审美情趣

通过文学作品蕴含的意境美、词句美、情趣美，让幼儿感受美的愉悦。例如，教师们开展的绘本阅读活动"爱心树"，就是引导幼儿边理解绘本故事的意义边感受故事中词句的优美，鼓励幼儿对绘本进行创编和改编，在创编和改编中进一步感受审美情趣。

2. 在语言活动中激发幼儿的审美情感

引导幼儿发现文学作品所传递的纯真美好的人与人、人与动物的情谊以及人与自然之间的和谐关系，激发幼儿欢乐、幸福的美好情感。

例如，《蚂蚁和西瓜》是一本极富趣味性的图画故事书，漫画式的夸张和简单的线条让这本书从头到尾都散发出一种轻松、幽默的味道。这本书主要讲了一群蚂蚁将一块被野餐的游客忘在地上的西瓜分割、搬运、带回蚂蚁窝，最后还用西瓜皮做了个滑梯的故事。全书字数不多，但在这本书里，图画中的每一只蚂蚁的神态、动作和其他蚂蚁都不同。教师们完全可以根据书中所展现的画面，自己再创作出一个特别长也特别好玩的故事来。书中让幼儿看得最入神的一幅画是作者对地下蚁穴的描绘，这幅画如同一幅市井生活的风俗画一般，将蚂蚁的生活情景刻画得细致入微。最好玩的是蚁穴的每个房间里都有些标牌，上面用手写的字体标注着"糖果""饼干""奶酪""蘑菇种植室""宝物""正在施工"等。幼儿们对这本绘本爱不释手，书中所展现的优美的画面和动人的故事不但使幼儿得到了生活的启示，还提升了幼儿的审美情趣。

3. 在语言活动中培养幼儿审美的创造意识

通过灵活多变的方式使幼儿感受美的词汇、美的语句、美的意境，并且使幼儿主动将这些转化为自己的意识、情趣，获得对美的自我体验，使幼儿毫不掩饰表现自己对美的情趣、情绪、情感和态度的喜爱，并且乐于表现美、创造美。

培养幼儿爱护图书、喜欢看书的习惯，是图书区的发展目标之一。每班都有自己的图书区，教师应根据幼儿的发展需要，不断调整和更换图书。多数幼儿都能一直保持阅读的兴趣，知道要爱护图书，可也有些小朋友做不到这点。小虎刚看了一会儿书，就开始拿书本当玩具玩。他先是把图书当作方向盘，不断转动，嘴巴还不时模拟汽车喇叭发出"嘀嘀、叭叭"的叫声，后来又把书卷起来当话筒唱歌。图书区中有好几本书掉在了地上，书上还有踩过的脚印，可想而知根本就没有小朋友弯腰把图书捡起来。看到这种情况，教师用很夸张的语气说："哎呀！这是谁给我打电话了呀？"说完便拿起娃娃家区的玩具电话装模作样地打起电话来："你好，你是图书管理员？给我们打电话有什么事吗？"看到小朋友的注意力被吸引过来了，教师接着说："你从魔法镜子里看到图书宝宝哭了？他们不想被扔在地上？不想被当成小喇叭和汽车方向盘？哦，好的，我知道了，我会和我们班的小朋友说的，他们不是故意那样做的，不是故意伤害图书宝宝的……"说着，教师用鼓励的眼神看向每一位小朋友。这时小虎站了起来，一边把刚才被他扔在地上的书捡起来，一边说："我不把书扔地上，我不把图书宝宝扔地上了。"还把图书放回原处。其他小朋友看到他这样做，都抢着去把散落在地上的图书捡起来放回原处，还把书架上杂乱的图书整理好。最后他们和小虎一起回到教师身边，说道："老师，你再给图书管理员打个电话跟他说一声吧！"教师装作困惑的样子问："跟他说什么呢？你们自己跟他说好吗？"小虎拿起电话，他有些不好意思，于是加快语速说："小虎不把书扔地上了，小虎会和图书宝宝做朋友的。"听到他单纯可爱的话语，教师感到很欣慰，也很开心。

为什么会出现不爱护图书，把图书当玩具玩的情况呢？教师分析发现，小班幼儿年龄小，还没有足够的耐心和专注力，经常把身边的任何物品都当作玩具。面对这种情况，教师没有直接命令或者要求幼儿怎样做，而是通过游戏引领幼儿自己认识到错误，并尝试改正自己的错误。

❖ **在主题活动中美化日常语言**

高尔基说："作为一种感人的力量，语言的真正美，产生于言辞的准确、明晰和动听。"

在主题活动中美化幼儿的日常语言，培养幼儿文明乐言的品行。爱玩是幼儿的天性，生动有趣的游戏能强烈吸引幼儿、感染幼儿，使幼儿在玩乐中得到满足、获得经验。借助日常生活和游戏，在主题活动中创设与提供激发幼儿表达与交流的语言区游戏环境、语言区材料，开展丰富多彩的语言游戏，激发幼儿将不断扩展的语言经验应用在生活中，感受语言交流中的快乐。

在"快乐图书馆"的主题活动中，教师与家长、小朋友共同收集了不同种类的图书放在班级图书区中，让幼儿一有时间就可以翻阅自己喜欢的图书。

但是教师很快就发现，班级图书区里的图书破损的越来越多，但平时也没发现幼儿们有争抢图书的现象。为什么图书会破损呢？带着疑问，教师们对图书区进行观察，并进行了现场录像。区域活动时间到了，教师们通过录像看到幼儿陆续来到图书区，他们看书看得很认真，虽然偶尔传来幼儿轻轻的谈话声，但整个画面还算安静和谐。当幼儿换图书时，问题出现了。有的幼儿没有把书的封面翻好就直接插到书架上了；有的幼儿在搜索寻找下一本书时，经常将手中的书随意乱放在书架上，这时有的书就折歪了，有的书还掉在了地上。而那些刚进入图书区的幼儿，因着急找自己喜欢的图书，就直接从掉在地上的书上踩过去了，根本无心顾及图书的"生死安危"。看到这样的现象，教师做了如下分析。

①幼儿喜爱看书，但爱护图书的意识不强。

②图书区有爱护图书的规则，但规则宽泛。

③幼儿自我管理的意识与能力需进一步加强。

④图书区的空间较小，容易产生干扰，造成幼儿做事不够认真。

⑤图书区中幼儿感兴趣的活动需进一步丰富，减少在一定空间中的人员。

分析原因后，教师们就尝试解决问题。《指南》中强调"凡是能让幼儿自己想的要让他们自己想，能让幼儿自己做的让他们自己做"，《指南》让教师们认识到，应该引导幼儿自己来爱护图书，于是教师们采取如下方法，培养幼儿爱护图书的习惯。

①给图书看病。中班幼儿形象性思维占主体。这一思维特点不仅表现在幼儿解决问题、判断事物时，而且还表现在幼儿的各种活动中。为此，教师们通过"给图书看病"的游戏，引导幼儿发现目前图书存在的问题。利用区域活动评价的时间，教师将提前准备的医生服饰穿戴好，到图书区"出诊"，为班里"生病"的图书看病。幼儿主动帮忙，把掉页的、撕口的、折坏的图书分别按轻

伤、重伤、需要住院等级别分好，幼儿带着"受伤"的图书"排队看病"，教师拿着剪刀、胶条、双面胶等工具在幼儿的协助下给图书"治病"。这样，幼儿看病的生活经验被调动起来了，他们那个认真劲儿，真像妈妈带着幼儿去看病时的样子。在评价环节中，幼儿还了解了图书的损坏程度以及如何修补，可见调动幼儿的生活经验解决问题远远超过了说教的作用。经与幼儿协商，"图书医院"开在了图书区，工具材料留在了"图书医院"，以便幼儿能随时当医生，及时给图书"治疗"，让幼儿用自己的方法爱护图书。

②看录像，细化爱护图书的规则。中班幼儿做许多事情往往是无意识的，通过录像观察能够帮助幼儿发现没有注意到的问题。在提出"图书为什么会受伤的问题"后，请幼儿看录像。幼儿发现了自己放书前匆匆忙忙没有整理好图书；放书时没有将书轻轻放在指定的位置；拿书时碰歪了，碰掉了旁边的书，也没把书整理好；书掉在地上没有人捡起，不时被小朋友踩到……针对这些问题，幼儿经过讨论完善了"如何不让图书宝宝受伤"的规则，并且用绘画的方式将爱护图书的好方法画出来，张贴在图书区。

③增设图书管理员。维果茨基指出："不是有人来教育儿童，而是儿童在自己教育自己。"这也是《指南》所指出的"把幼儿看成教育的主体。要培养幼儿主人翁、为他人服务的意识，增强幼儿的自信心"。那么，怎样能及时发现图书的问题呢？图书损坏了由谁来负责呢？幼儿想出了让班里的每个同学都当"值日生"的好方法。经协商幼儿把图书区的值日生命名为"图书管理员"。教师们在游戏区中开展"图书管理员"的活动，请幼儿轮流担任图书管理员。他们在"任职"期间，要重点关注图书区的图书是否摆放整齐，如果不整齐要及时整理；图书是否有破损，如果有破损要及时修补。同时，图书管理员还要负责图书的借阅工作，通过不断增设借书卡、阅读标志等，让做图书管理员成为幼儿荣誉的标志，让图书区成为班里最有序、最有活力的区域。

此外，结合幼儿兴趣，丰富区域内容。增添了形式多样的表演，发展幼儿的语言表达能力、听说能力。如"我来表演你来猜（看动物图片，用动作表演出来，不要说话，让对面的幼儿猜猜是什么）"；"读一读、摸一摸（摸出来卡片，用一句完整、好听的话说出来，看谁说得完整、优美、贴切）"等。

经过一段时间的实践研究，教师们深刻感受到了游戏中教育的重要性。幼儿的自主性、幼儿阅读习惯的培养、阅读水平的提高，都需要一个循序渐进的发展过程，教师要善于捕捉有教育价值的瞬间，抓住时机并能够发现幼儿阅读中的问题、困难，并给予恰当的帮助。观察幼儿的阅读水平，了解幼儿阅读中的需要，把握幼儿在阅读时的不同需要，使教师对幼儿的帮助、支持、指导更具有针对性和有效性。

以美启智善其思

美育与智育有着相互渗透、相互促进的关系。智育本身就具有丰富的美感因素，借美传智，为智育提供了人性化的教育方式，摒弃了机械记忆和模式化的绝对灌输式教学方法。

幼儿园坚持以美启智，充分利用智育和美育之间的关联性，在培养智力的同时兼顾美感，净化心灵，通过"以美启智善其思"，塑造充满智慧的求知懂美之人。

在日常活动中，教师充分挖掘生活中的每一个价值点，启发幼儿自主学习、积极探索，将探索的经验和过程进行分享。例如，在建筑区中，教师发现幼儿们在积木区玩搭建游戏时玩得非常投入。在介绍自己的搭建成果时，幼儿们都会自豪地向大家介绍：我搭的房顶是圆形的；我搭的是长方形的楼房；我搭的水立方是正方形的；我搭的鸟巢是椭圆形的。可见幼儿们对搭建不同形状的建筑物产生了浓厚的兴趣。于是教师便及时抓住这个有利的教育契机，开展了"图形总动员"主题活动。这个活动不仅帮助幼儿通过找、说、拼、摆等多种途径感知图形的特征，发展了幼儿的空间知觉，还让幼儿了解了形状在生活中的运用，初步感知了几种简单图形的守恒规律和简单的转换关系。通过发现、观察生活中的各种图形及规律，让幼儿学会运用图形设计简单的游戏玩具、安全标志，感受图形标志给生活带来的便利，提高了幼儿的思维能力和创造能力。

在这个主题活动中，教师们还相应开展了"图形管理员""图形作用大""图形巧变身""我和图形交朋友"等系列活动，让幼儿感知和探索图形的不同特征和图形在生活中的重要作用。幼儿在活动中，利用对图形的已有经验与同伴或小组成员一起探索和尝试，不断生成新的经验，并进行分享。如在美工区进行图形组合粘贴时，幼儿经常会向教师提出"没有想要的形状怎么办""现有的图形大小合适吗"等问题，说明幼儿虽然对图形的外在特征有所了解，但是将不同的图形组合成需要形状的经验还很欠缺，还不能想办法或者转换角度解决同题。为了更好地巩固幼儿对图形特征的认识，解决幼儿游戏中遇到的问题，教师开展了"小熊的地毯"游戏活动，活动目标设计层层递进，通过三个主要的环节完成目标。

第一个环节是利用游戏的方式，激发幼儿组合正方形的愿望。教师以游戏的口吻向幼儿提出明确的操作要求，既满足幼儿参与游戏的需要，又为幼儿下一环节的操作打下了基础。

第二个环节是利用闯关游戏，探索拼正方形的方法。这是操作中的重点，教师通过设计两个游戏，和幼儿一起完成拼图形的游戏。幼儿在操作时，既要考虑教师提出的需要几块图形的要求，又要在投放的材料中筛选适宜的小图形。这里有三个难点，一是记住要求，根据要求操作；二是寻找适宜的图形，数量不能错；三是找到图形后，在限定的模块中，不断调整小图形的方向进行拼组。考虑到班中每个幼儿发展水平的不同，教师采取了个别指导的方式，亲自指导、不断重复，并放慢了指导的速度，使幼儿有反应的时间。同时及时发现幼儿的问题，如针对拼得快的幼儿，鼓励其再选择不同的材料继续拼组；而对于能力较弱的幼儿，鼓励其积极想办法完成游戏，为层次不同的幼儿提供支持，使他们都能体验到成功。

第三个环节是共享环节。在与幼儿共同的观察、分析、讨论、辨析、修改中，用启发式的语言引导幼儿共享拼组图形的不同方法，感知拼图形方法的多样性。在这个环节中，及时捕捉幼儿不同的观点与想法，鼓励幼儿充分表达。

教师在组织活动时，以幼儿的游戏问题出发，组织集体性的活动，充分调动幼儿前期经验，促使幼儿主动探究、积极参与活动；活动中，注意目标的整合，关注情感与态度的培养，及时捕捉幼儿不同的想法、做法，进行鼓励支持。

以美怡情善其行

美育以情感陶养为旨，担当着教育的重任。幼儿园注重以美怡情，激发和培养幼儿的审美情感，点燃幼儿热爱真善美的火苗，通过陶养的作用，使幼儿充满活泼敏锐的灵性，成长为高尚纯洁、自由自尊、富于创新的现代儿童。

❖ **感受环境、生活和艺术中的美**

生活中不是缺少美，而是缺少对美的发现。艺术教育的本质是审美的教育，要通过支持引导幼儿从生活细微处去感受生活中的千姿百态，聆听大自然的各种声音，发现其中蕴含的美，从而扩大幼儿的审美视野，提高幼儿认识美的能力。

1.对自然美的感受

加里宁曾指出，儿童的感受性是很强的，要多给儿童介绍周围的世界，特别是土地、森林、山脉、河流、海洋等这些大自然的形形色色，从而为幼儿形成"人类性格的最好的特质"奠定基础。大自然是神奇的，是不断变化的。在主题活动中，要借助身边的美育资源，通过园内种植、公园游览、野外远足等体验形式，让幼儿在其中充分感知色彩的美，发现形状的多种多样。在活动中，幼儿都饶有趣味地用照相机拍照，一起谈论美的感受，体会审美活动带来的乐趣和遐想。

2.对艺术美的感受

艺术美是通过艺术家们创造的艺术形象反映出来的美，因此它比实际生活中的美更集中、更强烈、更理想。它所塑造的形象也更能以情动人，使欣赏者获得更强烈的美感。

在主题活动中，要关注幼儿的审美需求，选择贴近幼儿生活而又比较容易理解的作品，让幼儿通过分享交流，感受作品的美感，简单了解作品的表现形象、主题内容、作品类别以及造型手法等，提高幼儿的审美能力、欣赏能力以及学习兴趣，激活艺术细胞。

❖ **发展幼儿的表现能力和创造能力**

艺术教育不能仅仅停留于让幼儿用艺术表达生活，还要引导他们学会用艺术的方式改善周围的生活环境，装点自己的用具，使环境更漂亮、生活更美好。通过美的创造，进一步加深幼儿的艺术体验，增强其艺术表现力。

为幼儿提供丰富多彩的艺术活动，如动画制作、插花、舞蹈、绘画、童话剧表演等，让幼儿在这些活动中感受生活中的美，表现美的情趣。在幼儿充分表现自我的同时，提高幼儿创造美的能力。

艺术为人类创造和再现了现实中美的境界，并影响着人的品行，给人类以美的享受，从而使人的品格变得高尚。教师应更多地引导和充分挖掘幼儿爱美的天性，满足幼儿自我表现和审美的需求，使幼儿在感受美、表现美和创造美的过程中体验自身的价值。

❖ 支持幼儿自发艺术表达与创造

"每个幼儿心中都有一颗发现美的种子。"在主题活动中，教师们更加关注幼儿自发的艺术表现与创造，用心呵护美的种子萌芽、成长。通过发现真兴趣、了解真经验、关注真表达获得幼儿当前发展的现状，以关注真兴趣为前提激发主动性，以关注真经验为基础强化感受性，以关注真表达为中心着眼创造性。顺应儿童自身发展的强度及节奏，为幼儿提供归属感及成长的空间，让玩变得更有意义，让学习变得更有趣。

在这里，幼儿艺术教育绝不仅是某个技能的传授，更重要的是培养儿童兴趣、能力和习惯，使儿童在自然的活动中学会如何做人、如何做事。如让幼儿选择自己感兴趣或熟悉的创作题材，并在创作前交流自己的感受，不仅是让幼儿完成一幅作品，更重要的是让幼儿学会观察生活；为幼儿提供大小、颜色、质地不同的纸张进行创作，不仅是让幼儿感受不同纸张的特点，更重要的是让幼儿学会做决定；分享环境，不仅是让幼儿展览自己的作品，更重要的是促进同伴间的互相学习，让幼儿建立自信心；活动前后的准备和整理，不仅是为了提高幼儿收拾整理的能力，更重要的是要培养幼儿有序做事的习惯和责任感。

教师要利用生活中的物品，启发幼儿创造和想象，进行美的表达。在开展"瓶瓶罐罐"的主题活动时，幼儿们非常投入，也非常感兴趣，教师们经常听到幼儿们说"我的瓶子像飞机""我的瓶子像高楼"等。活动这天，乐乐搬了一把小椅子来到美工区，拿出一张纸和一把剪刀就剪起来，只见他先剪了一个圆形，嘴里小声地说："我的瓶子变成了大气球，飞到了天空，呜呜……"说着拿起剪好的圆形就往上抛，让它在空中飞舞。教师悄悄走过去小声对乐乐说："你的气球瓶子一个人多孤单，想一想它遇见了谁？又和谁一起玩了？"乐乐想了一会儿，就拿起剪刀剪剩下的纸，不一会儿他就剪出一个喜乐瓶样子的"小瓶子"，举起来大声地告诉教师："老师，你看我把瓶子变成了小鸟，这是小鸟的嘴巴。"果然，在瓶口的位置还有一个小尖儿，极像小鸟的嘴巴。在区域活动结束后，教师让乐乐把自己的作品介绍给大家，乐乐兴奋极了。

在这次活动中，教师利用提示语引发幼儿大胆想象，激发幼儿的想象力，给予了幼儿充分的精神自由、想象自由和表现自由，让他们感受到自我创造、自我表现的极大乐趣，更重要的是奠定了幼儿的创造意识，增强了他们的创造能力。

创造性美术教育的最终目的是在美术活动中开启幼儿想象的大门，培养幼儿的创造思维和创新精神。实践过程中，教师发现幼儿们的创造思维日渐丰富，作品富有个性。在今后的活动中，教师要进一步鼓励幼儿大胆发挥想象和创造，用自己的双手尽情地表现美、创造美，促进幼儿创造思维的发展。正如一位教育家所说："创造性并不专指那些新的让人吃惊的发现，一些极其平凡细致的改革也是创造。"

❖ 启发式提问激发幼儿的想象与创造

教师是幼儿的支持者、引导者，在幼儿创作过程中，启发式的语言会为幼儿点亮智慧、激发灵感，让他们长出想象的翅膀，让他们联想到自己的生活。我国现代儿童艺术教育家杨景芝认为："儿童是画所见、所想、所感，生活经验是幼儿进行美术创造的源泉，幼儿进行绘画创作主要依靠对生活的观察和感受。"创作离不开生活，幼儿最乐于、最善于表现的就是他们感兴趣的生活，即使是想象创作，也同样依赖于对生活的体验。在实践过程中，教师要让幼儿多听、多看、多感受，使幼儿逐步积累多种社会经验、生活经验、情感经验。幼儿是活动的主体，教师要做的是帮助他们获得有益的经验并引导他们以自己的方式去思考、探索、理解、应用和创造，使幼儿们尝试将心中美好的世界创造性地表现出来。

❖ 解放幼儿天性，打开创造之门

陶行知先生认为："创造需要广博的基础，解放了空间，才能扩大认识的眼界，以发挥其内在的创造力。"

在美术教育中，首先要扩大幼儿的学习空间。在教学中，教师要经常带领幼儿去接触自然、接触社会，去观察、体验，特别是要让幼儿积极地参与游戏活动，以获得丰富的知识和创作灵感，从而使幼儿受到情感的、艺术的、综合的教育。首先，故事是幼儿所熟知、所喜爱的。其次，要营造自由、愉快的心理空间，让幼儿轻松愉快地表现。心理学家罗杰斯认为：心理安全和自由是促进幼儿创造力的两大主要条件。在心理安全和自由的环境中，幼儿的心情轻松愉快，无压抑感，他们在与周围环境的不断交互作用中，容易形成创新意识与具有个性化的创作。在指导中，教师启发式的语言，如"你的气球瓶子一个人多孤单，想一想他遇见了谁？又和谁一起玩了？"激发了幼儿的创造性，让幼儿在轻松、愉快的气氛中感受成功的喜悦。对于成人来说，幼儿画的线条不流畅、比例不对称、涂色不均匀，显得太稚拙，但这往往使幼儿的表现完全不同于成人。作为教师要清楚地认识到，当幼儿大胆地进行种种表现时，要抱以欣赏的态度，要鼓励、肯定幼儿一切稚拙的表现，同时适时加以引导。正如一位学者所说的："幼儿正处于最具有创造性和发展性的阶段，我们所要做的只是为他们把大门打开而已。"

要培养幼儿的想象力，教师应尽量少干预，注重强调创作的过程，注重幼儿的情感体验。教师在与幼儿交流的过程中要善于观察幼儿，善于用鼓励性的语言进行指导，切勿使用一些命令式的语言遏制幼儿的想象。教师对幼儿作品的评价也应以鼓励、表扬为主。幼儿的想象可以打破现实物象中的真实限制，所以教师对幼儿作品的评价不能以传统的"像不像"为标准，而应从理解幼儿的角度出发，善于倾听幼儿对自己作品的介绍。教师对幼儿积极的态度、活跃的思维、丰富的现象力、创造力等都应给予肯定评价，鼓励幼儿的积极情感，使幼儿敢想敢做。

幼儿有着丰富的想象力、创造力，教师要充分认识并加以利用，要从幼儿的角度去欣赏他们的作品，充分激发幼儿的想象力，这样幼儿的作品才会更生动、鲜活，幼儿才能得到更完善的发展。

第三节　以和扬善，发展美，争做
协同共进的智慧型家长

　　提高幼儿素质，促进幼儿全面发展，单靠幼儿园的教育是不够的，因为对幼儿的教育是一项多层面、多元化的系统工程，需要家庭、幼儿园与社会相互配合方能奏效。《纲要》也指出："家庭是幼儿园的重要合作伙伴。应本着尊重、平等、合作的原则，争取家长的理解和主动参与，并积极支持、帮助家长提高教育能力。"可见，教育好幼儿既是幼儿园的任务，也是家庭的责任。所以，家长工作一直是幼儿园工作的重要组成部分。

"美善文化"引领下，家长的行为规范

　　学前教育是一门综合性很强的学科，是由家长及幼师利用各种方法、实物，有系统、有计划、科学地刺激儿童的大脑发育，使其大脑各部分功能逐渐完善而进行的教育。适当、正确的学前教育对幼儿智力及其日后的发展有很大的作用。

　　而家长是孩子的第一任老师，也是孩子终身教育的指导者，家长的态度决定着孩子的发展方向，只有家长的教育理念更新快，孩子的身心发展才会积极向上，从而给孩子一盏明亮的指示灯。一个孩子的良好的行为规范是怎样培养出来的呢？孩子的良好行为规范离不开家长的引导，由此足可以证明幼儿教育过程中家长的重要性。为此，通过开展一系列活动，不断提高家长的教育理念。同时，幼儿园倡导家长为孩子树立良好的榜样，做好孩子的第一任老师。

❖ 以身作责，树立良好行为规范

　　家长的态度决定着孩子的发展方向，只有家长的教育理念及时更新，孩子的身心才会顺利发展。在幼儿教育中，家长的重要性不可忽视。家长的示范作用对幼儿的健康成长影响重大。家长要明确教育孩子的责任，明确幼儿园教育是暂时性的，家庭教育是终身的，更要明确幼儿时期教育对孩子的影响是最大

的。有些家长粗略地认为，只要把孩子送到幼儿园，无论孩子的身心发展或行为规范怎么培养都是由幼儿园老师负责，很少过问孩子在幼儿园中个人行为的表现。甚至还有家长把对孩子的教育责任全都推卸给教师。要知道父母是家庭教育的实施者，家长的言行、态度，都在潜移默化地影响着孩子的行为习惯。

如：家长出入幼儿园要仪表整洁，谈吐举止文明礼貌，堪为幼儿表率；尊重幼儿，尊重教师，积极与幼儿园配合，主动与幼儿所在班级取得联系，及时反映、了解幼儿情况，提供建议，共同教育好幼儿；遇到幼儿之间发生矛盾、纠纷，采用正确方法给予引导、教育，或向本班教师反映，恰当解决，不得训斥、恐吓任何一方幼儿，以确保幼儿身心健康等。

❖ 合理引导，积极配合幼儿教育

孩子的成长离不开家庭教育，而父母的正确引导对孩子的成长起着举足轻重的作用。家长要合理地引导教育孩子，学会正确地评价孩子，给他们自信心，让孩子能全面发展。家长在幼儿生活与学习教育中，承担重要的责任，也扮演着重要角色。父母积极主动参与幼儿园教育，能使家庭和幼儿园两方面相互补充经验，并促进幼儿园教育质量的提高，达到幼儿教育与家庭生活的一致性。与此同时，家长也要密切、主动地配合班级任课教师，实施教育计划，正确要求和教导孩子，创造条件使家庭教育与幼儿园教育相互促进，巩固教育成果。

比如：对孩子的生活、学习上的要求，要家园一致。给孩子明确的生活准则，培养其良好的习惯。主动与教师沟通，这样不但了解孩子在幼儿园的情况，也能把幼儿在家的表现如实反映给教师，协助配合，积极主动地参与到孩子的教育中来，明确家长在孩子教育过程中的角色。

❖ 乐在其中，主动参与幼儿活动

家长积极参与幼儿园举办的各种家长开放日活动，注意及时与教师联系，不仅可以了解孩子在园的行为表现和各方面的发展，还可以满足孩子的心理需要。当孩子看见别的家长都到了，却在人群中找不到自己家长的身影时很受打击，也会影响他们幼小的心灵，而有家长陪伴的孩子脸上则挂满了开心的笑容。作为孩子的监护人——家长，是孩子最大的给予者。家长能来幼儿园参加与幼儿的亲子活动、家长开放日活动等，都能从不同程度上给幼儿以信心，让他们知道父母是多么爱他们，也能慢慢地理解父母的辛苦，从小培养他们尊老爱幼的良好品德，让他们长大后能成为对社会有用的人。父母参与活动，能给幼儿无限的快乐与满足感，让幼儿的身心发展能够健康、积极、稳定。

如请家中老人到幼儿园与孩子一起制作、品尝重阳糕；与孩子们一起游戏，聆听孩子们爱的表达；孩子们用绘画作品制作动画，讲述敬老故事"你陪我长大，我陪你变老"；用手中的剪刀剪出自己和爷爷生活的点点滴滴，记录了爷爷陪伴自己成长的快乐时光，也剪出了自己陪伴爷爷到老的情感与愿望，将关爱从内心化为行动。在节日中孩子们收获的是亲情与关爱，长辈们感受到的是孩子们沉甸甸的孝心。家长在参与孩子的游戏中，也能体会到自己与孩子之间的那份互相关爱。当家长看见孩子在幼儿园中健康快乐地成长，也就能放心地把孩子交给幼儿园。孩子也更能体会教师付出的辛勤劳动，从而使家长和教师之间形成很好的沟通。

幼儿教育不是简单地对幼儿进行智力开发和知识传授，而是对幼儿的综合能力的培养。健全的人格、扎实的身体基础、良好的性格和行为习惯都应该从小着手，为幼儿一生的发展打好基础。总之，在幼儿教育过程中家长的重要作用是举足轻重的，家长对孩子的影响也是无法忽略不计的。只有家长的言行举止恰到好处，才能给幼儿做好榜样。俗话说："勿以恶小而为之，勿以善小而不为。"家长的言传身教会起到无穷的作用。只要家长坚持家庭与幼儿园教育并重的原则，形成方向一致的教育合力，才能在培养幼儿良好行为习惯的教育工作中收到事半功倍的效果。

"美善文化"引领下，家园共育的有效途径

家园共育，沟通是桥梁，幼儿园坚持"服务、引领、支持、合作"的原则，积极争取家长资源，让家长参与到幼儿园的教育教学和管理中来，共同提升幼儿园的办园质量。

❖ 开展丰富的家园互动活动，促进家长协作

开展多种形式的家园互动活动。各年级利用各种节日开展了丰富多彩的家园联谊活动，如：亲子阅读日、母亲节创意花灯活动等。一次次精彩的家园活动，都融入了教师的智慧与心血；一次次的家园活动，把教师和家长的距离拉

得更近。同时开展多样化的社会实践体验活动，邀请家长带领幼儿走向社会，体验安全知识营地，共同探秘大自然，走进意大利大使馆……加强家园沟通的力度和广度，逐步形成幼儿园、家庭、社会的大教育格局。对班级特色活动的开展以及家长的育儿经验交流及时通过幼儿园微信平台、校信通等传递给每位家长，使网络真正成为家长了解园所的窗口，架起了与教师、幼儿园沟通的桥梁。

1. 充分利用班级家园联系栏

为了使家长了解幼儿班级教育教学工作及需要家长配合的事项，共同搞好教育教学工作，幼儿园坚持及时更新班级家园栏内容；每周公布教学活动计划、科学知识、个案观察记录；做到及时和家长沟通，让家长能更加主动、更加直接地了解孩子的情况。

如：幼儿园充分利用黑板报、宣传栏、家长园地等进行宣传科学育儿知识。定期出版专栏墙报，向家长和社区居民宣传疾病预防、家教须知、教育办法；班级门口设置"家园联系"栏目，除在每期的专栏中介绍幼儿教育、幼儿活动花絮，保健方面的知识外，还定期推荐一些家庭亲子游戏，受到家长的欢迎；同时也为家长设立了"家长留言"的版面，欢迎家长将平时的育儿知识或所见所闻与其他家长进行交流与分享。

2. 利用家长接送时间

教师们充分利用家长接送时间与家长保持密切联系，双方共同商讨教育方法，交流育儿知识，让家长与教师互相了解孩子在园在家的表现，以便家园共同引导孩子形成良好的行为习惯。

3. 利用现代信息技术

每学期开学初，每个班级都认真登记孩子家长电话，身体不舒服时会在第一时间与家长联系，让家长及时了解孩子的情况。每个班都有微信群，一方面宣传了幼儿园的教育内容、教育方法及理念；另一方面，也拉近了教师与家长之间的距离。同时，家长之间的育儿经验、育儿困惑，都可以通过群进行交流、探讨。这样，无形之中就提升了家长的科学育儿水平。用信息化手段提高家长工作的效率，使家园联系更加快捷、密切。

4. 利用家访机会

教师每学年对每位幼儿进行家访，走进家庭了解幼儿生活环境和家庭教育情况。在家访工作中，教师不仅要了解每一位幼儿的家庭情况，更要全面、深入、细致地了解幼儿在家庭中的表现，并做好记录加以分析；同时，还要向家长介绍幼儿园的基本情况，取得家长的积极配合，密切幼儿园和家庭的关系。

5. 利用家长会

按照惯例，每个班级召开新学期家长会和学期末家长会，家长会的主要内容是帮助家长转变幼儿教育理念，提高家长对幼儿教育的认识，明确本学期的教育教学内容及需要家长要配合的工作。会中各班以"问题式互动""问卷式调查""PPT短片介绍"等方式和家长开展互动，使家长了解幼儿园新学期的教育教学工作。

6. 利用家长开放日活动

每学期进行一次面向全体家长开放的教学活动。为了给家长提供方便，家长平时也可随时到园观摩教学活动，让家长看到孩子在集体活动中的自然状态，并通过观摩和直接参与活动，全面了解幼儿园的教育，具体了解孩子在班级集体中的各种行为表现，客观公正地评价自己孩子的能力、特长。这样，家长对如何实施家园共育有了更清楚的认识，家长也会将意见和要求反馈给教师，达到共同教育孩子的目的。

❖ **以学习为引领，搭建家园交流的平台，提升家长育儿水平**

首先，幼儿园加强教师家教指导理论的学习、热点问题的讨论学习，在定期开展班级家长会、家委会小研究等活动中，会议采用交流研讨方式，让家长畅所欲言，使家长成为会议的主角。在宽松愉悦的氛围中，使家长认清当前形势、理清思路，从而引导家长走出教育误区，树立正确的教育观念。其次，幼儿园把安全教育纳入教育教学当中，开展各种形式的应急演练，增强孩子的自我保护意识，并举办相应的知识讲座、分发材料，以争取家长的配合。

1. 组建家委会，充分利用家长资源

幼儿园为了得到家长对教育教学的大力支持，把家委会视作家园之间的一座桥梁，相互沟通、相互配合，有效地开展家委会工作。为了有效推动家委会工作的持续发展，幼儿园不断完善工作机制，严格实行家委会工作制度，积极开展了家委会例会、家长义工等工作，把家委会工作落到实处，真正实现家园合作、家园共育。

为了更好地拉近幼儿园与家长的距离，更有效地利用家委会资源，同时开阔幼儿的眼界，拓宽幼儿的思维，弥补教师在专业领域中的不足，使家长成为幼儿园的协作者、支持者，幼儿园开展家委会助教活动，就是家长进课堂活动，直接参与教育活动。每一位家长都来自不同的行业，从事不同的职业，其中不乏行业精英、道德模范，有着丰富的人生阅历、广泛的兴趣爱好和特色绝活，这是每一位孩子身边最宝贵的资源。因此，积极有效地开展家委会助教活动，能够促进家园联系，为家长和教师搭建一个互动交流、互相学习的平台，更好地促进幼儿的全面发展。不同层面的家长来自不同的行业、有不同的工作，家长的职业、阅历、特长对幼儿园来说就是一笔丰富的教育资源。

2. 开办家长学校，提升家长科学育儿观念

为提高家长科学的家庭教育观念，有效实施科学育儿，幼儿园邀请了多位科学育儿方面的专家，根据幼儿年龄特点和家长需求开展家长学校。家长学校为家长学习家庭教育理论与方法、提供了捷径的途径，在不同的思想、现象、态度指导下，运用不同的手段和方法，就会出现符合或者违反教育的规律，从而促进或者阻碍孩子的学习与发展。因此幼儿园教育与家庭教育要同步，教师和家长的教育思想要一致。如：针对新入园的幼儿家长孩子入园焦虑问题、大班幼儿幼小衔接问题，传染病预防问题……通过家长学校的学习，让家长学员们懂得共同创设家园共育的氛围的重要性，帮助新入园幼儿家长树立正确的育儿观念及科学的方法。

❖ 加强教师指导家长服务工作的能力

通过对一些指导性文件的学习及形式多样的培训活动，使教师们认清当前形势，理清思路，履行职责，从而引导家长走出教育误区，树立正确的教育观念，掌握科学的知识，共同用科学的方法启迪和开发孩子的智力，使孩子全面发展。

1. 真诚相待——做朋友

人与人之间的交流需要真诚，更需要不时地换位思考。只有理解对方，了解对方的心理，才会使工作深入人心，产生实效。

随着社会发展，人们生活富裕了，家庭中每个成员都把孩子看成宝，尤其是长辈更是疼爱孩子。在生活中，教师们关注每个孩子微信的动向，例如：玩

什么了？吃什么了？在家里做什么有意义的事情了？早上家长送孩子来园时进行简单的交流，让家长感受到教师对孩子们的关注。孩子们在园的进步、情绪、问题、生活护理，教师要及时利用中午或放学后的时间进行重点沟通，来不及的要在放学后以微信、电话的形式进行沟通。在试园时，班里的元宝总是乱跑，奶奶追不上，叫他也不听；玩玩具时，元宝也总是霸道独占。看到这种现象，教师们先是与孩子一同游戏，找到他感兴趣的点，与他进行交流，逐步建立亲密的关系。然后，与奶奶聊家常，逐步切入孩子在家中的生活与表现。原来，爸爸妈妈工作忙，很少关注孩子。奶奶岁数大了，看孩子很辛苦，元宝也很淘气，奶奶不知怎么管他。只要是元宝的要求，奶奶都满足。看到元宝的表现，奶奶特别着急。

于是，教师们利用家访与爸爸、妈妈、奶奶交流，引导爸爸妈妈关注孩子的教育，根据孩子的表现，引导爸爸妈妈在做任何事之前给孩子提要求。渐渐地，元宝有了变化。妈妈说，现在元宝自己想要做什么、要什么，总是说："我把这件事做好，就可以做那件事了吗？"过去，这样商量根本行不通，直接就地上打滚了。之后，教师们又与奶奶交流了几次，奶奶平时惯着元宝，但是，看到元宝的表现心里着急，看到这些天爸爸妈妈对元宝的要求，元宝有了变化，奶奶心里特别开心，还主动地与教师们交流育儿经验，要求与教师配合一起帮助元宝。慢慢地，元宝变了，在开学的三周后就已经是个听话、懂得谦让，还喜欢帮助别人的乖孩子了。元宝奶奶说："从原来的小霸王，变成乖孩子，进步得这么快，还是老师有办法。在过去我们都不敢想，我们家里特别信任幼儿园，信任老师，全力支持老师的工作。"信任都是从点滴积累而成的，包括：沟通的方式、方法和与人交流时的表情、语言的亲和力、沟通的频率与内容。无论是元宝的事例，还是其他的家长，工作都是如此。

2. 观察孩子——有话说

与家长的沟通不要每次都是家长问时才回答，长期这样会让家长产生敷衍的感觉。教师们平时工作多留心观察，主动将孩子今天在园的一些特别的表现与家长主动交流，包括好的及不足的。在与家长沟通中，教师们将班级幼儿分成5组，每位教师负责沟通5位家长，让家长从游戏、生活等多方面了解孩子的情况。同时，孩子们的一日情况大家都会第一时间相互沟通，在交接班时也会再次提醒。有时，下班了，还会在群里交流。孩子的事做到人人了解、人人参与。在沟通中，年轻教师经常与班里成熟教师反馈与交流，加强班组成员间的学习，大家共享好的沟通方法，提高沟通能力。其实，在班级的各项工作中，大家都一起商量，相互补充、提醒，发挥集体合力，这样，想得全面，做得周到与完善。孩子们的事，大家做到不管问谁，都有话说，都了解。

如：卡门小朋友今天吃饭有进步，添饭了，值得表扬；凡凡小朋友今天换衣服，回家注意书包里的衣服回家晾干，晚上早点睡觉等。切忌不要跟家长说"孩子今天挺好的"等过于泛泛不具体的语言。尤其是小班初期，教师在和家长沟通孩子情况时，一定是教师们事先观察到孩子今天在园时的特殊表现，告诉家长孩子做了什么，再和家长具体沟通，是需要家长配合什么，还是需要家长回家后和孩子再沟通，教师们可以给出一个具体的建议。比如：蛋蛋的妈妈最关注蛋蛋不吃蔬菜的问题，妈妈说："在家里高兴了吃两口，有时，怎么都不张嘴。"在幼儿园里，教师在活动区根据娃娃家的游戏引导蛋蛋给娃娃做饭，了解蔬菜的营养，从而喜欢吃蔬菜。在餐前介绍时，教师再次介绍美味的食物，增加孩子们吃蔬菜的兴趣。吃饭时，在蛋蛋不吃蔬菜的时候，教师引导她"这是小兔最喜欢吃的蔬菜了"或是"菜菜和肉肉和在一起吃"等这样的话，这样，蛋蛋就会吃了。放学在与家长沟通时，蛋蛋的表现及教师是怎样帮助引导她的，都要告诉家长。需要家长回家后用教师的方法继续配合，耐心地对孩子进行引导和鼓励。这样做不仅让家长感受到教师对自己孩子的关注，最大限度地满足家长的心理需求，同时使家长们回家对孩子的教育更具针对性，做到家园配合。

3. 针对个性——巧交流

每个家长的性格不一，各年龄段的家长也有明显的性格特点。在逐步了解家长后，可用适合于他们的交流方式进行交流，会更加有效，更能促进家园沟通的顺利开展。

如有些家长不喜欢教师老说孩子的不足。当孩子出现需要指正的行为时，可以先表扬一下孩子的良好表现后，再把需要家长配合教育的问题引入，这样会让这部分家长更乐于接受。

祖辈家长帮助儿女们带孩子不容易，对孩子的生活护理更为关心，容易反复地问这方面的问题，教师需要耐心地作出回应，并记住祖辈家长的关注，在放学或入园时主动与家长沟通，让老人家们放心。例如：有时，祖辈家长记不住通知，再加上腿脚不灵便等问题送孩子容易晚，教师们从不催促。反而每次都告诉老人家，孩子由教师照顾，情绪稳定，和教师在一起玩得可开心了。让老人家别着急，注意安全。

现代社会，家长的素质水平都很高，在与家长沟通时，教师们一定要注意自己的语言措辞。回答家长提出的问题时，知道的就解答，不知道的也不要随意说，可以跟班上其他教师沟通后再回答，这点特别适用于新职教师。千万不要不敢说，在家长面前，教师们再年纪轻，也是接受过专业学习的教师，这里就需要班级教师的合作。班上的几位教师紧密团结，思想沟通一致，做家长工作的口径一致，就会让家长觉得教师们是一个专业的团体，而不会把教师分类。同时，教师们平时还要加强专业能力的提升，这样回答家长的问题就更加专业灵活了。

4.多种渠道——勤沟通

与家长沟通的形式除了面对面直接交流，还可以利用多渠道与家长沟通，如家长会、家长园地、微信群等，让家长能快捷地了解班级最新的教育动态、孩子在园活动情况等，同时也便于教师及时了解家长疑虑所在，发现问题及时解决，避免误会的积压导致不良后果，保持沟通的畅通。而在微信群里，教师们不仅可以发照片，也可以发动态的小视频，这样家长就更加直观清楚地了解孩子们在幼儿园的活动和表现，了解幼儿园的教育，消除有些家长认为是"摆拍"的顾虑。（同时每次发完照片、视频后，也要配上文字，告诉家长照片、视频里的孩子们做了什么，学了什么，开展这项活动的目的、意义及宣传幼儿园的教育理念等，获得家长的信任和对班级工作的支持。但是，要提示的是在发视频或照片时应仔细审视细节，保证每位幼儿的展示。在需要单独沟通某位幼儿情况时，可单独发微信，内容较复杂的，电话沟通效果更好。）

这些与家长沟通交流的方法，都是教师们在日常工作中最普通、平凡的细节，而细节不仅获得了孩子的心，也俘获了家长们的心。耐心对待开始"不配合"的家长，才有后来理解教师工作的家长。幼儿园存在的意义不仅让3~6岁幼儿受到适宜的幼儿教育，同时也有让家长们安心投入工作的义务，让幼儿园遵照《幼儿园教育指导纲要》中所说——本着尊重、平等、合作的原则，争取家长的理解，主动参与、积极支持，帮助家长提高教育能力，建立和谐的家园关系，共同促进幼儿健康快乐地成长。

家园共育犹如一车两轮，只有同步同向才能产生1+1＞2的合力。幼儿园的家长助教活动、家长志愿者活动等的开展，如同给家园共育之车注入了润滑剂，让幼儿园教育与家庭教育能更加和谐统一，从而更好地促进幼儿的全面发展。